AF274293

GUÍA PRÁCTICA PARA SUPERAR LOS MALOS MOMENTOS

DESCUBRE EL PODER QUE HAY EN TI

MARÍA JOSÉ BOSCH

www.superar-malos-momentos.guiaburros.es

EDITATUM

© EDITATUM

© MARÍA JOSÉ BOSCH

Queda prohibida, salvo excepción prevista en la ley, cualquier forma de reproducción, distribución, comunicación pública y transformación de esta obra sin contar con la autorización de los titulares de propiedad intelectual. La infracción de los derechos mencionados puede ser constitutiva de delito contra la propiedad intelectual (art.270 y siguientes del Código Penal). El Centro Español de Derechos Repográficos (CEDRO) vela por el respeto de los citados derechos.

En la redacción del presente libro mencionamos logotipos, nombres comerciales y marcas de ciertas empresas u organizaciones, cuyos derechos pertenecen a sus respectivos dueños. Este uso se hace en virtud del artículo 37 de la actual Ley 17/2001, de 7 de diciembre, de Marcas, sin que esta utilización suponga relación alguna del presente libro con las mencionadas marcas ni con sus legítimos propietarios. En ningún caso, estas menciones deben ser consideradas como recomendación, distribución o patrocinio de los productos o servicios o, en general, contenidos titularidad de terceros.

Diseño de cubierta: © Marta Villarín (EDITATUM)
Maquetación de interior: © EDITATUM

Primera edición: junio de 2024

ISBN: 978-84-19731-78-4
Depósito Legal: M-13229-2024

IMPRESO EN ESPAÑA/ PRINTED IN SPAIN

Te invitamos a registrar la compra de tu libro o *e-book* dándote de alta en el **Club GuíaBurros,** obtendrás directamente un cupón de **2 € de descuento** para tu próxima compra.

Además, si después de leer este libro lo has considerado útil e interesante, te agradeceríamos que hicieras sobre él una **reseña honesta en cualquier plataforma de opinión** y nos enviaras un *e-mail* a **opiniones@guiaburros.es** para poder, desde la editorial, enviarte **como regalo otro libro de nuestra colección.**

Sobre la autora

 **María José Bosch** es una comunicadora, escritora, y formadora en habilidades de comunicación, con larga trayectoria como directora y presentadora de programas en importantes medios de comunicación como Onda Cero, Cadena COPE o Grupo Intereconomía.

Desde 2023 dirige y presenta "La huella del crimen" (Distrito TV), un programa de sucesos de actualidad con el análisis humano, social y político de expertos y protagonistas de la crónica negra.

Ha sido galardonada con el "Premio Encarna Sánchez" 2023 concedido por la Academia de la Radio Española. Ha ganado dos Antenas de Plata otorgadas por la Federación de Profesionales de Radio y Televisión (2006 y 2010) y ha recibido dos premios por sus incursiones en TV otorgados por el Foro del Espectador: Premio mejor programa de valores (2005) y Premio mejor programa solidario (2003).

En el ámbito editorial ha publicado siete libros sobre desarrollo personal y comunicación: *Guíaburros: Hablar en Público; Guíaburros: Comunicar con éxito; Guíaburros: La Marca Personal; GuíaBurros: El arte de permanecer joven; Yo soy single, ¿y qué?; La danza de las emociones* y *Calla Canalla*.

Ha dirigido una revista de alta gama sobre moda, cultura y turismo en España: *Club de la Vida Buena* (2012-2014)

Como formadora ha impartido clases en la Escuela Internacional de Protocolo, Escuela Superior de Imagen y Sonido, Fundación COPE y en otras empresas privadas donde ha formado a empresarios en oratoria.

Próximamente dirigirá y presentará en Youtube @vivirparacontarlooficial y otras plataformas "Vivir para contarlo" un videopodcast de entrevistas y relatos con la vida como contenido fundamental. Un espacio donde contar historias reales en la voz de sus protagonistas, personajes célebres o personas anónimas que inspiran y motivan, especialmente, en estos tiempos difíciles. Historias que enseñan y reconfortan, y hasta transforman...

Agradecimientos

A la vida,
incluso con todos sus malos (y hasta malísimos) momentos…

Índice

Introducción
La primavera en los tiempos del COVID, cuatro años después...

"La adversidad tiene el efecto de despertar talentos que en circunstancias prósperas hubieran permanecido dormidos"

Horacio

Faltaba apenas un suspiro para que llegara la primavera con sus colores rojos, amarillos y lilas y sus tenues aromas a rosas, jazmines y madreselvas.

Una llamada a rebato en los caminos, momento de abrir puertas, cancelas y ventanas. De caminar por parques y campos, para sentir esa naturaleza sin la que, en palabras de Delibes, no somos nada.

Otrora nos habría encontrado fantaseando con ese tiempo que destierra al invierno de las entrañas del mundo y haciendo planes para desperezarnos de la grisura de los largos meses de frío, de las noches eternas y de los árboles desnudos. Absortos admirando cómo se funde la nieve que corona las montañas hasta convertirse en imponentes ríos abriéndose paso en forma de pavorosos saltos, acelerados rápidos y desafiantes cascadas, justo, cuando reverdecen los árboles, las plantas y los prados. Cuando la vida se nos antoja de mil colores, y nos empuja a la calle, y los rayos de sol nos acarician tímidos como un adolescente enamorado. Pero aquella vez, durante aquella primavera gris como ninguna, no pudo ser. A cada uno de nosotros, los escasos días que quedaban para recibir a la estación de la alegría, del renacer de la vida, del florecimiento y la fuerza transformadora del ser, nos dejó congelados en algún momento concreto de nuestra existencia.

A mí me encontró velando a un amigo del alma a quien, precisamente, le había prometido mil veces que la primavera llegaría, mientras observábamos tres arboles mochos desde la ventana del hospital. Solo redime el pecado de mi mentira que aquella primavera no llegó ni para él, ni para ninguno de nosotros.

Sin tiempo para reaccionar, de un día para otro, la vida se paró en seco. Y a cada uno de nosotros nos sorprendió en el modelo de vida que, quizá sin saberlo, habíamos elegido: en familia, en pareja, solos con nosotros mismos o en la soledad de dos (o más) en compañía. Y así, asistimos a las noticias del apocalipsis a través de la televisión, la radio o internet, borrachos de información a tiempo real. Nos quedamos pasmados ante lo inesperado de un virus coronado que nos recordó la vulnerabilidad del ser humano, nuestra vida, súbitamente, dejó de ser lo que era. Nuestros planes se desvanecieron y la incertidumbre se apoderó de nuestras vidas

En medio del caos nos enfrentamos a la pérdida de seres queridos, la angustia del aislamiento y la incertidumbre del futuro. el COVID-19 constituye emblemático ejemplo de adversidad y es precisamente durante aquella potente prueba psicológica cuando empecé a tomar notas para esta "Guía práctica para superar malos momentos. Descubre el poder que hay en ti" aunque aún tendrían que pasar algunos años para concluirla.

A través de estas páginas, te propongo un viaje de autoexploración y ¡quién sabe!, quizá, de autodescubrimiento. El objetivo es transformar los desafíos en oportunidades, las lágrimas en lecciones y los obstáculos en escalones al éxito. En esta guía, apreciado lector, encontraras herramientas, ejercicios prácticos, cuentos balsámicos y testimonios inspiradores, entre otros recursos para enfrentar la adversidad, encontrar sentido en medio del caos, transformar los momentos oscuros en oportunidades y la desesperanza en una renovada visión de futuro.

Espero que estas páginas te resulten útiles en los malos momentos, conscientes de que, aunque esos momentos difíciles constituyen una realidad inevitable en nuestras vidas, nuestra capacidad para superarlos es infinita.

María José Bosch

17

El cuento del portero de la botica

No había en el pueblo peor oficio que el de portero de la botica. Pero ¿qué otra cosa podría hacer aquel hombre? De hecho, nunca había aprendido a leer ni a escribir, no tenía ninguna otra actividad ni oficio.

Un día se hizo cargo de la botica un joven con inquietudes, creativo y emprendedor. El joven decidió modernizar el negocio. Hizo cambios y después citó al personal para darle nuevas instrucciones. Al portero, le dijo: A partir de hoy usted, además de estar en la puerta, me va a preparar un reporte semanal donde registrará la cantidad de personas que entran día por día y anotará sus comentarios y recomendaciones sobre el servicio.

El hombre tembló, nunca le había faltado disposición al trabajo, pero.

—Me encantaría satisfacerlo, señor —balbuceó— pero yo, yo no sé leer ni escribir.

— ¡Ah!, Cuánto lo siento, pero de esa manera sus servicios no son necesarios.

—Pero señor, usted no me puede despedir, yo trabajé en esto toda mi vida.

No lo dejó terminar.

—Mire, yo comprendo, pero no puedo hacer nada por usted. Le vamos a dar una indemnización para que tenga hasta que encuentre otra cosa. Así que, lo siento. Que tenga suerte.

Y sin más, se dio vuelta y se fue.

El hombre sintió que el mundo se derrumbaba. Nunca había pensado que podría llegar a encontrarse en esa situación. ¿Qué hacer? Recordó que, en la botica, cuando se rompía una silla o se arruinaba una mesa, él, con un martillo y clavos lograba hacer un arreglo sencillo y provisional. Pensó que ésta podría ser una ocupación transitoria hasta conseguir un empleo. El problema es que sólo contaba con unos clavos oxidados y una tenaza mellada.

Usaría parte del dinero para comprar una caja de herramientas completa. Como en el pueblo no había una ferretería, debía viajar dos días en mula para ir al pueblo más cercano a realizar la compra. ¿Qué más da? Pensó, y emprendió la marcha.

A su regreso, traía una hermosa y completa caja de herramientas. De inmediato su vecino llamó a la puerta de su casa.

—Vengo a preguntarle si no tiene un martillo para prestarme.

—Mire, sí, lo acabo de comprar, pero lo necesito para trabajar, como me quedé sin empleo.

—Bueno, pero yo se lo devolvería mañana bien temprano.

—Está bien.

A la mañana siguiente, como había prometido, el vecino tocó la puerta.

—Mire, yo todavía necesito el martillo. ¿Por qué no me lo vende?

—No, yo lo necesito para trabajar y además, la ferretería está a dos días de mula.

19

—Hagamos un trato —dijo el vecino— Yo le pagaré los dos días de ida y los dos de vuelta, más el precio del martillo, total usted está sin trabajar. ¿Qué le parece?

Realmente, esto le daba trabajo por cuatro días.

Aceptó.

Volvió a montar su mula.

Al regreso, otro vecino lo esperaba en la puerta de su casa.

—Hola, vecino. ¿Usted le vendió un martillo a nuestro amigo?

— Sí.

—Yo necesito unas herramientas, estoy dispuesto a pagarle sus cuatros días de viaje, más una pequeña ganancia. Yo no dispongo de tiempo para el viaje.

El ex portero abrió su caja de herramientas y su vecino eligió una pinza, un destornillador, un martillo y un cincel. Le pagó y se fue.

"No dispongo de cuatro días para compras", recordaba. Si esto era cierto, mucha gente podría necesitar que él viajara a traer herramientas. En el siguiente viaje arriesgó un poco más del dinero trayendo más herramientas que las que había vendido. De paso, podría ahorrar algún tiempo de viajes.

La voz empezó a correrse por el barrio y muchos quisieron evitarse el viaje. Una vez por semana, el ahora corredor de herramientas viajaba y compraba lo que necesitaban sus clientes.

Alquiló un galpón para almacenar las herramientas y algunas semanas después, con una vidriera, el galpón se transformó en la primera ferretería del pueblo. Todos estaban contentos y compraban en su negocio.

Ya no viajaba, los fabricantes le enviaban sus pedidos. Él era un buen cliente. Con el tiempo, las comunidades cercanas preferían comprar en su ferretería y ganar dos días de marcha.

Un día se le ocurrió que su amigo, el tornero, podría fabricar para él las cabezas de los martillos. Y luego ¿Por qué no? Las tenazas, y las pinzas, y los cinceles. Y luego fueron los clavos y los tornillos. Para no hacer muy largo el cuento, sucedió que en diez años aquel hombre se transformó con honestidad y trabajo en un millonario fabricante de herramientas.

Un día decidió donar a su pueblo una escuela. Allí se enseñaría, además de leer y escribir, las artes y oficios más prácticos de la época. En el acto de inauguración de la escuela, el alcalde le entrego las llaves de la ciudad, lo abrazo y le dijo:

—Es con gran orgullo y gratitud que le pedimos nos conceda el honor de poner su firma en la primera hoja del libro de actas de la nueva escuela.

—El honor sería para mí —dijo el hombre—. Creo que nada me gustaría más que firmar allí, pero yo no sé leer ni escribir. Yo soy analfabeto.

—¿Usted? —dijo el Alcalde, que no alcanzaba a creerlo— ¿Usted construye un imperio industrial sin saber leer ni escribir? Estoy asombrado. Me pregunto, ¿qué hubiera sido de usted si hubiera sabido leer y escribir?

—Yo se lo puedo contestar —respondió el hombre con calma—. Si yo hubiera sabido leer y escribir, ¡sería portero de una botica!

.... ૐ ....

21

Moraleja: a veces, las crisis y los momentos difíciles de la vida esconden oportunidades inesperadas. En lugar de lamentarnos por las adversidades, debemos estar abiertos a adaptarnos y buscar nuevas formas de enfrentar los desafíos. La perseverancia, la creatividad y la disposición para trabajar duro pueden llevarnos por caminos inesperados hacia el éxito y la realización personal. Nunca subestimemos el potencial que yace dentro de nosotros, incluso cuando las circunstancias más adversas.

"No es lo que perdiste lo que cuenta, sino lo que vas a hacer con lo que te quedó"

Hubert H. Humphrey

Primera parte
Descubriendo quién eres, revelando tu Ser

Una mirada interior

Una mirada interior consciente y reflexiva es esencial para nuestro crecimiento personal y aumenta nuestra capacidad para enfrentar los desafíos que en tantas ocasiones se presentan en la vida. El psicólogo Rafael Santandreu, añade en su libro *Ser feliz en Alaska*, que la capacidad de mirar hacia adentro nos brinda la oportunidad de comprender nuestras emociones, pensamientos y motivaciones más íntimas. Una profunda reflexión auténtica, serena, sin "rumiamientos", nos protege de juicios precipitados y, en consecuencia, de los episodios de ansiedad que desencadenan estos "rumiamientos" catastrofistas.

"No hay mapa para el viaje interior. Quizás debas perderte para encontrarte"

D. H. Lawrence

El espejo del alma: autodescubrimiento

Este enfoque aporta una serie de beneficios significativos en nuestra vida cotidiana.

1. **Identificación de recursos internos.** Mirar hacia adentro, descubrimos una gama de recursos internos que podemos aprovechar para enfrentar desafíos y alcanzar nuestros objetivos. Estos recursos pueden incluir habilidades, talentos, experiencias pasadas y resiliencia emocional. Reconocer y cultivar estos recursos nos brinda una sensación de capacidad y fortaleza, aumentando nuestra confianza en nosotros mismos.

2. **Claridad en metas y valores.** Sintonizar con nuestra mirada interior, nos permite entender mejor nuestras verdaderas aspiraciones y valores. Este proceso de auto-reflexión nos ayuda a discernir lo que realmente es importante para nosotros, lo que nos permite establecer metas más auténticas y alineadas con nuestra verdadera esencia. La claridad en nuestras metas y valores nos proporciona una dirección clara en la vida, lo que puede aumentar nuestra sensación de propósito y satisfacción.

3. **Aceptación de la realidad.** La práctica de mirar hacia adentro nos invita a enfrentar nuestra realidad interna con honestidad y compasión. A medida que nos volvemos más conscientes de nuestros pensamientos y emociones, desarrollamos una mayor capacidad para aceptar tanto nuestras fortalezas como nuestras debilidades. Esta aceptación nos libera del peso de la autocrítica excesiva y nos permite abrazar plenamente quiénes

24

somos, fomentando así una mayor autoaceptación y autoestima.

4. **Mejor manejo del estrés.** La mirada interior nos proporciona herramientas poderosas para gestionar el estrés y la ansiedad. La conexión con nuestro mundo interno, nos permite identificar las fuentes de nuestro malestar y responder de manera más efectiva. Las prácticas de atención plena y meditación, herramientas comunes de esta práctica, han demostrado reducir el estrés al promover calma mental y resiliencia emocional.

5. **Fortalecimiento de relaciones.** Al cultivar una mirada interior, también desarrollamos una mayor comprensión y empatía hacia los demás. Al comprender mejor nuestras propias emociones y motivaciones, somos más capaces de reconocer y responder a las necesidades y sentimientos de los demás. Esta habilidad para conectarnos más profundamente con los demás puede fortalecer nuestras relaciones interpersonales, fomentando la intimidad y la confianza mutua.

Preguntas poderosas: explora tu esencia

Las preguntas poderosas constituyen herramientas valiosas para el autoconocimiento y el crecimiento personal, permitiéndonos explorar nuestra esencia y desarrollar una comprensión más profunda de nosotros mismos y del mundo que nos rodea. están diseñadas para inducir la reflexión y promover la toma de conciencia, siendo una herramienta fundamental para el crecimiento personal y profesional. John C. Maxwell, reconocido autor y orador motivacional, destaca la importancia de estas preguntas en su libro *Líder de 360 grados*. Algunas características de estas preguntas incluyen:

- **Profundidad y reflexión.** Invitan a explorar pensamientos y reflexionar sobre acciones, creencias y objetivos, yendo más allá de respuestas superficiales.
- **Desafío constructivo.** Cuestionan la forma en que pensamos y actuamos, ofreciendo la oportunidad de cuestionar creencias y expandir la perspectiva.
- **Conciencia de sí mismo.** Nos invitan a examinar valores, fortalezas, debilidades y metas.
- **Enfocadas en soluciones.** Centradas en acciones y soluciones, ayudan a generar ideas y estrategias para superar obstáculos y alcanzar metas.
- **Empoderamiento personal.** Capacitan para asumir la responsabilidad de nuestras vidas, identificando áreas de mejora y estableciendo metas claras.

Ejemplos de preguntas poderosas:

- ¿Cuáles son tus valores fundamentales y cómo se reflejan en tus decisiones diarias?
- ¿Qué te apasiona en la vida y cómo puedes incorporar más de eso en tu día a día?
- ¿Qué actividades o situaciones te energizan y cuáles te agotan?
- ¿Cuáles son los mayores desafíos que enfrentas actualmente y cómo puedes superarlos?
- ¿Qué cambios harías en tu vida personal y profesional?
- ¿Qué recursos tienes y cuáles te faltan para lograr los cambios que deseas en tu vida?

"Descubrir quién eres requiere más valentía que explorar cualquier territorio desconocido. El viaje interior es la aventura más intrépida"
T. S. Eliot

Preguntas fundamentales para el crecimiento personal

- **Clarificación de la situación actual.** ¿Cuál es la raíz de mi desafío actual?
- **Exploración de valores y creencias.** ¿Mis acciones y decisiones reflejan mis verdaderos valores?
- **Fomento de la autoconciencia.** ¿Cómo estoy contribuyendo a esta situación con mis propias acciones o inacciones?
- **Identificación de recursos y fortalezas.** ¿Qué habilidades o recursos tienes para superar este obstáculo?
- **Definición de metas y prioridades.** ¿Cuáles son tus prioridades en esta etapa de tu vida?
- **Revelación de creencias limitantes.** ¿Qué creencias limitantes están influyendo en tu percepción de esta situación?
- **Análisis de patrones de comportamiento.** ¿Existe un patrón recurrente en tu forma de abordar situaciones similares?
- **Exploración de lecciones aprendidas.** ¿Qué lecciones puedo extraer de experiencias pasadas similares?

"La calidad de nuestras vidas está determinada por la calidad de las preguntas que nos hacemos a nosotros mismos"
Tony Robbins

27

Test del "¿por qué?"

- Formula una pregunta inicial: comienza con una pregunta abierta sobre el asunto en cuestión. Por ejemplo: ¿Por qué decidiste cambiar de carrera o nunca empezarla?
- Recibe la respuesta y pregunta ¿por qué?: ante la respuesta, sigue con un "¿por qué?" para indagar profundamente. Por ejemplo:
  - Respuesta: "Porque estaba insatisfecho con mi trabajo anterior".
  - Pregunta: "¿Por qué estabas insatisfecho con tu trabajo anterior?".

Repite el proceso: continúa preguntando "¿Por qué?" a cada respuesta siguiente. Idealmente, repite este proceso al menos cinco veces. Ejemplo:

- Pregunta inicial: "¿por qué decidiste cambiar de carrera?".
- "Porque estaba insatisfecho con mi trabajo anterior". Pregunta: "¿por qué estabas insatisfecho con tu trabajo anterior?".
- "Porque sentía que no estaba utilizando todo mi potencial". Pregunta: "¿por qué sentías que no estabas utilizando todo tu potencial?".
- "Porque mis habilidades y pasiones no estaban alineadas con lo que hacía". Pregunta: "¿por qué sentías que tus habilidades y pasiones no estaban alineadas?".
- "Porque me di cuenta de que valoro la creatividad y la innovación, y mi trabajo anterior no permitía expresar

28

eso". Pregunta: "¿por qué valoras la creatividad y la innovación en tu carrera?".

Lógicamente, este solo representa un ejemplo entre miles de ellos. Adapta las preguntas a ti y a tus circunstancias.

"Preguntarse a uno mismo es el principio de todo conocimiento"
Sócrates

························ ༄ ························

El árbol que no sabía quién era

Había una vez, en un lugar y en un tiempo que podría ser cualquiera, un hermoso jardín, con manzanos, naranjos, perales y bellísimos rosales, todos ellos felices y satisfechos.

Todo era alegría en el jardín, excepto un árbol que estaba profundamente triste. Tenía un problema: no sabía quién era.

El manzano le decía:

—Lo que te falta es concentrarte, si realmente lo intentas podrás tener sabrosas manzanas, es muy fácil.

El rosal le decía:

—No le escuches. Es más sencillo tener rosas y son más bonitas.

El pobre árbol, desesperado intentaba todo lo que le sugerían, pero como no lograba ser como los demás se sentía cada vez más desolado.

Un día llegó hasta el jardín el búho, la más sabia de las aves, y le dijo:

—No te preocupes, tu problema no es tan grave, es el mismo de muchísimos seres sobre la tierra, no dediques tu vida a ser como los demás quieren que seas. Sé tú mismo, conócete y para lograrlo escucha tu voz interior.

¿Mi voz interior? ¿Ser yo mismo? ¿Conocerme? Se preguntaba el árbol desesperado... Entonces de pronto comprendió. Y cerrando los ojos y los oídos, abrió el corazón.

Por fin pudo escuchar su voz interior diciéndole "tú jamás darás manzanas porque no eres un manzano, ni florecerás cada primavera porque no eres un rosal.Eres un roble y tu destino es crecer grande y majestuoso, dar cobijo a las aves, sombra a los viajeros, belleza al paisaje. Tienes una misión cúmplela".

Y el árbol se sintió fuerte y seguro de sí mismo y se dispuso a ser, simplemente ser.

Al igual que el árbol que no sabía quién era, a menudo nos vemos influenciados por las expectativas de los demás y tratamos de ser lo que creemos que deberíamos ser en lugar de ser quienes realmente somos. Descubrir nuestra verdadera identidad y aceptarnos tal como somos nos permite florecer y cumplir nuestro propósito en el mundo. Es importante escuchar nuestra voz interior, conectar con nuestros valores y fortalezas, y seguir nuestro propio camino.

El árbol de la vida

Es una herramienta efectiva para explorar y reflexionar sobre diferentes áreas de nuestra vida.

Este enfoque holístico fue popularizado por el *coach* y autor Paul O'Brien en su libro *El árbol de la vida: una metáfora para la evolución personal*, donde explora detalladamente este método.

Aquí tienes, paso a paso, como realizar este poderoso ejercicio con ejemplos prácticos:

Paso 1. Preparación. Reúne los materiales necesarios, como papel, lápices de colores, revistas (para recortar imágenes) y cualquier otra idea que te ayude en el proceso creativo.

Paso 2. Identificación de categorías. Decide las áreas clave de tu vida que deseas explorar y representar en tu mapa. Estas categorías pueden incluir carrera profesional, relaciones personales, salud física y mental, tiempo libre y *hobbies,* desarrollo personal, entre otras.

Paso 3. Diseño del mapa. Crea un esquema básico en tu papel o digitalmente, dividiéndolo en secciones para cada una de las categorías que has identificado.

Paso 4. Marca los momentos significativos. Utiliza símbolos o colores para representar eventos importantes en cada área de tu vida. Por ejemplo, podrías utilizar un corazón para representar el inicio de una relación significativa, un símbolo de dinero para indicar un logro financiero, etc.

Paso 5. Agrega detalles. Incluye fechas y nombres relacionados con cada evento significativo para dar contexto y profundidad a tu mapa.

Paso 6. Inclusión de imágenes. Recorta imágenes de revistas o imprime imágenes relevantes que representen cada categoría o evento en tu vida. Por ejemplo, una imagen de un libro para representar tu pasión por la lectura, una foto de un paisaje para simbolizar tus viajes, etc.

Paso 7. Reflexión. Tómate tiempo mientras construyes tu mapa para reflexionar sobre cada experiencia que estás representando. Piensa en cómo te sentiste en ese momento, qué aprendiste y cómo te ha influenciado en tu vida actual.

Paso 8. Incorporación del presente y futuro. Incluye tu situación actual en cada una de las áreas representadas en el mapa, así como las metas y aspiraciones que tienes para el futuro.

Paso 9. Revisión y ajuste. Una vez completado tu mapa, tómate un tiempo para revisarlo y ajustarlo según sea necesario. Quizás quieras agregar más detalles, cambiar la ubicación de ciertos eventos o incluir nuevas metas que hayas identificado durante el proceso de reflexión.

Beneficios del Mapa de la Vida

- Proporciona una visión holística de tu vida, ayudándote a identificar áreas de fortaleza y áreas de mejora.
- Te ayuda a establecer metas claras y significativas alineadas con tus valores y aspiraciones.
- Fomenta la auto-reflexión y la conciencia sobre tu propio crecimiento personal.
- Puede servir como una herramienta poderosa para la planificación y toma de decisiones en tu vida personal y profesional.
- Facilita la comunicación con un coach o terapeuta al proporcionar una representación visual de tus experiencias y objetivos.

El poder de ser quien eres

Señala Brené Brown en su libro *El poder de la vulnerabilidad,* que la autenticidad es un pilar fundamental en el desarrollo personal y el bienestar emocional. Este camino hacia la autenticidad requiere una valiente introspección, para explorar nuestras emociones más profundas, valores arraigados y deseos más auténticos. Al enfrentarnos a nosotros mismos con coraje, abrazamos nuestras singularidades y aceptamos nuestras vulnerabilidades, liberándonos así del peso de las expectativas externas y conectándonos con nuestra verdadera esencia. Comprometerse a vivir de manera auténtica nos permite experimentar una conexión más profunda con nosotros mismos y con los demás.

"La autenticidad es el mayor signo de fortaleza". (Confucio)

Barreras que impiden la autenticidad

Las barreras que impiden la autenticidad son numerosas y variadas, y a menudo se interponen en el camino hacia una expresión genuina de uno mismo. Estas barreras pueden surgir de diferentes fuentes, tanto internas como externas, y pueden manifestarse de diversas maneras en la vida cotidiana. Algunas de estas barreras incluyen:

1. **Miedo al juicio.** El temor al qué dirán o al rechazo por parte de los demás puede ser paralizante y llevar a las personas a ocultar aspectos importantes de su personalidad o a actuar de acuerdo con las expectativas de los demás en lugar de ser fieles a sí mismos. Por ejemplo, alguien podría abstenerse de compartir sus opiniones sinceras en una reunión por temor a ser juzgado o ridiculizado por sus ideas.

2. **Presión social.** La influencia del entorno social puede ejercer una gran presión sobre las personas para que se ajusten a ciertos estándares o normas preestablecidas, lo que puede dificultar la expresión auténtica de sus pensamientos, sentimientos o preferencias. Por ejemplo, un joven puede sentirse obligado a seguir una determinada carrera profesional solo porque es lo que se espera de él en su familia o comunidad, en lugar de seguir sus verdaderos intereses y pasiones.

3. **Comparación constante.** El hábito de compararse constantemente con los demás puede generar sentimientos de insuficiencia o inadecuación, lo que dificulta que las personas se acepten a sí mismas tal como son y se sientan cómodas mostrando su verdadero ser.

Por ejemplo, una persona podría sentirse inferior al comparar su apariencia física con la de modelos o celebridades, lo que le impide sentirse seguro y cómodo en su propia piel.

4. **Inseguridad.** La falta de confianza en uno mismo puede ser una barrera importante para la autenticidad, ya que puede llevar a las personas a ocultar sus verdaderos pensamientos y sentimientos por temor a ser rechazadas o heridas. Por ejemplo, alguien podría abstenerse de expresar sus emociones hacia otra persona por miedo al rechazo o a ser vulnerable.

5. **Conformismo.** La tendencia a seguir las normas establecidas o a adherirse a las expectativas de la sociedad puede limitar la capacidad de las personas para explorar y expresar su singularidad y originalidad. El conformismo puede llevar a una supresión de la individualidad en favor de la aceptación social, lo que dificulta la manifestación auténtica del yo. Por ejemplo, alguien podría renunciar a sus pasatiempos o intereses poco comunes para adaptarse a lo que se considera "normal" o "aceptable" en su entorno social.

"La autenticidad es el secreto del magnetismo personal"

Marianne Williamson

Este cuento clásico de la India narra la historia de alguien condicionado por las críticas y el rechazo de los demás, y del extraño consejo que le dio un sabio. ¿Te atreves leer la historia del hombre que preguntó a los muertos?

.... ❧ ....

El hombre que preguntó a los muertos

Cuentan que hace mucho tiempo un hombre sufría en silencio, pues se sentía muy condicionado por los demás, tanto por sus halagos y alabanzas como por sus críticas y rechazo. Resuelto a afrontar esta situación, decidió visitar a un anciano con fama de sabio.

Una vez escuchada la situación del hombre, el sabio meditó un momento y le dijo:

—Sin formular pregunta harás exactamente lo que yo te mande. Ahora mismo irás al cementerio y dedicarás varias horas a halagar y verter alabanzas a los muertos. Después vuelve.

El hombre obedeció y se encaminó al cementerio, donde llevó a cabo lo ordenado. Al regresar, el sabio le preguntó:

—¿Qué han contestado los muertos?

—No han contestado nada —respondió el hombre—. ¿Cómo podrían hacerlo si están muertos?

Tras cerrar los ojos un instante, el anciano volvió a ordenar:

—Regresa nuevamente al cementerio e insulta a los muertos durante varias horas.

El hombre no comprendía nada, pero obedeció de nuevo. Después de insultar a los muertos, regresó otra vez ante el sabio. Este preguntó al hombre:

—¿Qué han contestado los muertos ahora?

—Tampoco han contestado nada. ¿Cómo podrían hacerlo si están muertos?

El viejo lo miró entonces a los ojos y le dijo:

—Que esos muertos sean en el ejemplo en que te mires. Igual que ellos murieron, ha de morir en ti tu importancia personal. Si ella muere no habrá quien reciba halagos ni insultos, y entonces quedarás libre y no te sentirás ya nunca condicionado por los demás.

.... ॐ ....

Fortalezas y debilidades

El conocimiento o descubrimiento de nuestras fortalezas y debilidades es fundamental para orientar nuestras decisiones, nuestras interacciones con los demás y, en última instancia, nuestro bienestar general. Esta comprensión profunda de nosotros mismos nos permite identificar nuestros puntos fuertes, aprovechar las oportunidades que se nos presentan y abordar nuestras áreas de mejora de manera efectiva.

Una herramienta valiosa que nos ayuda en este proceso es la Matriz DAFO Personal.

Matriz DAFO

Es una herramienta de análisis estratégico utilizada tanto en el ámbito empresarial como en el personal. Su objetivo es identificar y evaluar las fortalezas, oportunidades, debilidades y amenazas que enfrenta una persona o una organización. En el contexto personal, la Matriz DAFO es una poderosa herramienta de reflexión que nos permite examinar nuestra situación actual y planificar nuestro camino hacia el éxito y la autorrealización.

1. Fortalezas:

- **Habilidades y talentos específicos que poseemos.** Las habilidades y talentos que dominamos nos brindan una ventaja competitiva en diversas áreas de nuestra vida, ya sea profesional, personal o académica.
- **Experiencia laboral y educativa.** La experiencia acumulada a lo largo de nuestra trayectoria laboral y educativa nos proporciona conocimientos prácticos y habilidades que podemos aplicar en diferentes situaciones.
- **Cualidades personales positivas.** Aspectos como la resiliencia, la empatía, la honestidad, entre otros, son cualidades personales que fortalecen nuestras relaciones interpersonales y nuestra capacidad para enfrentar desafíos.
- **Red de contactos y relaciones fuertes.** Mantener una red sólida de contactos y relaciones personales nos brinda apoyo emocional, oportunidades de crecimiento y colaboración en proyectos profesionales o personales.

2. Oportunidades:

- **Tendencias del mercado laboral o educativo.** Estar al tanto de las tendencias y demandas del mercado nos permite identificar oportunidades de crecimiento profesional o académico.
- **Posibilidad de desarrollar nuevas habilidades.** La disposición para aprender y desarrollar nuevas habilidades nos abre puertas a oportunidades de crecimiento y desarrollo personal.

- **Eventos o situaciones favorables en nuestro entorno.** Eventos sociales, económicos o culturales pueden crear oportunidades únicas para avanzar en nuestras metas personales o profesionales.

3. Debilidades:

- **Áreas en las que necesitamos mejorar.** Identificar nuestras debilidades nos permite enfocarnos en áreas específicas que requieren atención y desarrollo.
- **Habilidades desactualizadas.** En un mundo en constante cambio, es importante reconocer las habilidades que podrían estar obsoletas y buscar actualizarlas o adquirir nuevas competencias.
- **Limitaciones personales.** Factores como la falta de confianza, la procrastinación o la falta de organización pueden limitar nuestro rendimiento y obstaculizar nuestro crecimiento personal o profesional.

4. Amenazas:

- **Cambios en el mercado laboral o educativo.** Los cambios económicos, tecnológicos o sociales pueden crear desafíos y amenazas para nuestras metas y aspiraciones.
- **Competencia fuerte en nuestro campo de interés.** La competencia feroz en ciertos sectores puede dificultar nuestro progreso y exigirnos destacar nuestras fortalezas de manera aún más marcada.
- **Factores externos que podrían afectar nuestras metas.** Eventos imprevistos como crisis económicas,

desastres naturales o cambios políticos pueden impactar negativamente nuestras metas y planes, obligándonos a adaptarnos y reevaluar nuestras estrategias.

Análisis:

- **Capitalización (fortalezas y oportunidades).** ¿Cómo puedes utilizar tus fortalezas para aprovechar las oportunidades disponibles? ¿Qué habilidades o experiencias pueden contribuir al máximo en situaciones positivas?
- **Desarrollo (fortalezas y debilidades).** ¿Cómo puedes utilizar tus fortalezas para superar tus debilidades? ¿Qué habilidades necesitas desarrollar para aprovechar al máximo tus fortalezas?
- **Mitigación (debilidades y amenazas).** ¿Cómo puedes superar tus debilidades para hacer frente a las amenazas? ¿Hay formas de minimizar el impacto de tus debilidades en situaciones amenazadoras?
- **Planificación (oportunidades y amenazas).** ¿Cómo puedes aprovechar las oportunidades para contrarrestar las amenazas? ¿Qué estrategias puedes implementar para enfrentar desafíos potenciales?
- **Retroalimentación de terceros.** Solicita retroalimenación constructiva de amigos, familiares o colegas. Pregúntales sobre tus fortalezas y áreas de mejora. Esta perspectiva externa puede ofrecer una visión objetiva.

"Sé tú mismo; todos los demás ya están tomados"

Oscar Wilde

40

En busca de significado. Propósito de vida

Mark Twain, autor de obras inolvidables como *Las aventuras de Tom Sawyer* o *Las aventuras de Huckleberry Finn*, afirmó que descubrir nuestro propósito de vida es equiparable al segundo día más importante en nuestra existencia. Este descubrimiento está intrínsecamente vinculado a la exploración de uno mismo. A medida que desentrañamos nuestra propia naturaleza, forjamos un vínculo más profundo con nuestras pasiones y objetivos. Este conocimiento íntimo nos capacita para tomar decisiones alineadas con nuestros valores, encaminándonos hacia una vida más auténtica y significativa. La búsqueda del propósito de vida es fundamental para nuestra realización personal y bienestar emocional. conectar con nuestras pasiones, talentos y valores, nos permite encontrar un sentido de dirección. vivir de acuerdo con nuestro propósito, nos permite experimentar un mayor bienestar y satisfacción en nuestras vidas.

Viktor Frankl, en su obra icónica *El hombre en busca de sentido*, nos enseña que la búsqueda de significado es el motor primordial en la vida humana. Para él, el propósito de la vida no es una meta externa predefinida, sino la habilidad de hallar sentido incluso en las circunstancias más desafiantes.

1. **Claridad en valores y creencias.** A través del autoconocimiento, identificamos y comprendemos nuestros valores fundamentales y creencias, actuando como

41

brújulas morales que delinean nuestro propósito y dirigen nuestras decisiones.

2. **Identificación de pasiones y talentos.** Descubrir nuestras pasiones y talentos únicos nos permite alinear nuestro propósito con aquello que nos motiva y nos llena de satisfacción, encontrando la realización personal en la expresión de nuestras habilidades innatas.

3. **Sentido de dirección.** El autoconocimiento nos proporciona una dirección clara en la vida al entender nuestras metas, deseos y necesidades, estableciendo un propósito alineado con nuestra identidad y guiándonos hacia un futuro significativo.

4. **Superación de obstáculos.** Conocer nuestras fortalezas y debilidades nos capacita para enfrentar desafíos de manera efectiva, impulsados por nuestro propósito de vida para superar obstáculos y aprender de las adversidades.

5. **Contribución a algo más grande.** La conexión entre el autoconocimiento y el propósito se manifiesta en nuestra capacidad de contribuir a algo mayor que nosotros mismos, impactando positivamente en el mundo y en la vida de los demás.

6. **Bienestar y satisfacción personal.** Encontrar y vivir de acuerdo con nuestro propósito de vida conduce a un mayor bienestar emocional y satisfacción personal, enriqueciendo nuestras vidas con un sentido más profundo y una mayor plenitud.

El hogar ideal para la princesa

Había una vez un rey que, viendo que su hija estaba lista para emprender su propio camino, organizó un concurso con un premio económico sustancial.

Destacados arquitectos compitieron para crear el hogar perfecto para la princesa. Uno construyó un imponente castillo, pero la princesa se sintió atrapada por la falta de contacto con el exterior. Otro erigió un lujoso palacio, pero la monotonía y la falta de autonomía la aburrieron rápidamente.

Después de visitar varios lugares sin encontrar satisfacción, un joven humilde presentó una modesta cabaña rodeada por un jardín. Aunque los consejeros se burlaron, la princesa vio su potencial. Transformó el descuidado huerto en un próspero jardín, hallando satisfacción en cada esfuerzo diario.

A diferencia de los imponentes castillos, su jardín nunca dejó de crecer, convirtiéndose en un lugar de generosidad y comunidad. A pesar de desafíos como tormentas y plagas, la princesa eligió quedarse allí, encontrando en ese jardín su hogar ideal. El rey, al comprender la sabiduría de su hija, entregó el premio al joven. Juntos, el joven y la princesa cuidaron del jardín, viviendo felices en su hogar ideal.

A menudo, nos dejamos llevar por las expectativas externas o las normas sociales, construyendo vidas que no nos satisfacen realmente. Sin embargo, al igual que la princesa

43

que encontró su hogar en la modesta cabaña rodeada por un próspero jardín, descubrir nuestro propósito nos lleva a lugares donde podemos crecer, contribuir y encontrar verdadera felicidad.

"El propósito de la vida es una pregunta con la que todos debemos encontrarnos, y la respuesta radica en descubrir lo que amamos y luego compartirlo con el mundo"
Bob Goff

Construye tu propósito de vida con *ikigai*

Ikigai es una célebre filosofía japonesa seguida por millones, centrada en encontrar un propósito de vida significativo y satisfactorio. La palabra *ikigai* se deriva de "*iki*" (vida) y "*gai*" (valor o beneficio), y se traduce aproximadamente como "la razón de ser" o "la razón de levantarse por la mañana". Esta técnica identifica cuatro elementos fundamentales que convergen para dar significado y propósito a la vida, encontrándose en el cruce de:

1. **Pasión: lo que amas.** Actividades que te apasionan, energizan y te hacen sentir vivo.
2. **Vocación: lo que eres bueno haciendo.** Habilidades, talentos y fortalezas en las que destacas y te sientes competente.
3. **Misión: lo que el mundo necesita.** Contribuciones que puedes hacer al mundo, en servicio a los demás.
4. **Profesión: lo que te pueden pagar.** Dimensión financiera, demanda en el mercado y competencia.

El punto de convergencia de estos elementos es el *ikigai,* el propósito de vida.

Cómo utilizar la técnica del *ikigai:*

1. **Identifica tu pasión.** Actividades que te apasionan y llenan de alegría, incluso si no te pagaran por ellas.
2. **Reconoce tu vocación.** Habilidades y talentos naturales en los que destacas y disfrutas.
3. **Comprende tu misión.** Necesidades del mundo que podrías satisfacer, haciendo una diferencia positiva en la vida de los demás.
4. **Explora tu profesión.** Áreas donde podrías obtener un sustento económico alineado con tus habilidades y la demanda del mercado.

Algunos ejemplos de *ikigai:*

Ejemplo 1: Escritor
- Amas escribir novelas (pasión).
- Hábil en crear historias cautivadoras (vocación).
- El mundo necesita inspiración y entretenimiento (misión).
- Puedes obtener ingresos como autor o escritor (profesión).

Ejemplo 2: Educador
- Amas enseñar y educar a otros (pasión).
- Buen comunicador y motivador (vocación).
- El mundo necesita educación de calidad (misión).
- Puedes ser maestro, entrenador o conferencista (profesión).

Ejemplo 3: Desarrollador de *software*
- Amas la tecnología e innovación (pasión).
- Experto en programación y desarrollo de *software* (vocación).
- El mundo necesita soluciones tecnológicas eficientes (misión).
- Puedes trabajar como desarrollador de *software* o emprendedor tecnológico (profesión).

"Cuando descubres tu propósito en la vida, encuentras la pasión que te impulsa a seguir adelante"
Tony Robbins

Emociones clave para enfrentar desafíos

"El corazón tiene razones que la razón no entiende. Aprender a escuchar esas razones es el arte de vivir con plenitud"
Blaise Pascal

¿Qué son las emociones?

Las emociones son respuestas complejas que surgen como reacciones a estímulos internos o externos y están profundamente ligadas a nuestra experiencia. Desempeñan un papel fundamental en la forma en que interpretamos y nos relacionamos con el mundo que nos rodea. Por ejemplo, interpretamos ciertas situaciones como amenazantes, emocionantes, gratificantes o desafiantes debido a nuestro estado emocional. Si nos sentimos ansiosos, es más probable que interpretemos un comentario neutral como una crítica personal. Del mismo modo, si estamos felices, es más probable que veamos una situación difícil como un desafío emocionante en lugar de una carga abrumadora.

Estas respuestas emocionales no son simplemente reacciones automáticas, sino que están moldeadas por una compleja interacción entre factores biológicos, psicológicos y sociales. Por ejemplo, la liberación de neurotransmisores como la dopamina y la serotonina en el cerebro puede influir en nuestros estados emocionales, mientras que las experiencias pasadas, las creencias arraigadas y las normas culturales también desempeñan un papel importante en la forma en que experimentamos y expresamos nuestras emociones. Cada emoción posee su propia función adaptativa y puede variar en intensidad y duración dependiendo del contexto y la interpretación personal.

"No hay emoción que no esté destinada a enseñarnos algo importante sobre nosotros mismos"
Harville Hendrix

La historia que te cuentas. Emociones y percepción de la realidad

Nuestra narración interior, es decir, las historias que nos contamos, influyen profundamente en nuestra percepción del mundo en general y de lo que nos sucede en particular. Nuestra mente elabora historias para dar sentido a nuestras experiencias, filtrando y en no pocas ocasiones, confundiendo la realidad. Esta narrativa interna, tejida a partir de nuestras experiencias pasadas, emociones y creencias arraigadas, influye de manera significativa en nuestra percepción del mundo que nos rodea y en cómo interpretamos lo que nos sucede. No solo influye en cómo se siente la persona (confiado, ansioso, derrotado), sino también en cómo aborda la situación y en los resultados que obtiene.

Ejemplo práctico 1: imagina que estás en una situación en la que te enfrentas a un desafío importante, como una entrevista de trabajo. Tu narrativa interna puede oscilar entre dos extremos: una historia de confianza y optimismo, donde te visualizas desempeñándote con éxito y logrando tus objetivos, o una historia de autocrítica y miedo, donde te imaginas fracasando y enfrentando consecuencias negativas. Estas narrativas internas, aunque a menudo subconscientes, tienen un impacto profundo en tus emociones, y en consecuencia, en tus decisiones y resultados.

Ejemplo práctico 2: en este cao, imagina que estás atravesando una situación de conflicto en tu lugar de trabajo. tu jefe te asigna una tarea adicional y te da un plazo ajustado para completarla. Podrías interpretar esta situación de varias maneras diferentes, dependiendo de su narrativa interna:

1. Una narrativa de victimización: "siempre me dan más trabajo del que puedo manejar. Mi jefe nunca valora mi esfuerzo y siempre me trata injustamente".

48

2. Una narrativa de empoderamiento: "sé que puedo manejar esta tarea adicional. Mi jefe confía en mi capacidad para hacerlo bien, y estoy dispuesto a enfrentar este desafío con determinación y habilidad".
3. Una narrativa de derrota: "no puedo hacer esto. No soy lo suficientemente bueno en mi trabajo y sé que voy a fallar. No importa cuánto lo intente, siempre termino decepcionando a mi jefe y a mí mismo".

Narrativas internas, consciencia y verificación

Para desarrollar una mayor conciencia de nuestras narrativas internas y cuestionar su veracidad, podemos realizar el siguiente ejercicio práctico:

1. Identifica una situación específica en tu vida en la que te sientas emocionalmente cargado o estresado.
2. Reflexiona sobre la historia que te estás contando sobre esa situación. ¿Es una historia de empoderamiento y optimismo, o una historia de derrota y victimización?
3. Cuestiona la veracidad de tu narrativa interna. ¿Qué evidencia tienes para respaldar esta historia? ¿Existen otras interpretaciones posibles de la situación?
4. Desafía tus pensamientos negativos y reemplázalos por afirmaciones positivas y realistas. Por ejemplo, en lugar de decir "No puedo hacer esto", puedes decirte a ti mismo "Estoy dispuesto a hacer lo mejor que pueda y aprender de cualquier resultado".
5. Observa cómo cambia tu respuesta emocional y tu percepción de la situación a medida que ajustas tu narrativa interna.

.... ❧ ....

El hombre de las rejas

Decían que estaba loco, a pesar de que él se decía feliz. Hacía tiempo que había sido encarcelado, y a través de un ventanuco enrejado de su celda le gustaba mirar al exterior. Todos los días a la misma hora miraba afuera y, cada vez que veía pasar a la gente por el otro lado de la ventana, estallaba en sonoras e irrefrenables carcajadas. Su guardián estaba realmente sorprendido.

Un día no pudo más y le pregunto al preso:

—Oye, tú... ¿a qué vienen todas esas risotadas cada día? A lo que el preso le respondió señalando la ventana.

—¿Cómo que de qué me río? ¿Pero es que acaso estás ciego? Me río de todos esos que hay ahí. ¿Acaso no ves que están presos detrás de estas rejas?

.... ❧ ....

La historia que nos contamos sobre nuestras vivencias puede exagerar, minimizar o distorsionar los eventos reales influenciado por nuestras emociones y creencias profundas. Las emociones pueden desencadenarse a consecuencia de eventos o circunstancias que no son necesariamente "verdaderos" en el sentido objetivo. Un ejemplo recurrente: una persona experimenta miedo intenso al ver una película de terror. Esta experiencia tan común entre niños y adultos, ilustra cómo nuestras emociones pueden ser influenciadas no solo por la realidad tangible, sino también por la imaginación.

50

Emociones clave para enfrentar desafíos

Frustración y enfado

La frustración y el enfado son emociones que surgen cuando nuestras expectativas chocan con la realidad. Este impacto puede generar sensaciones de impotencia y contrariedad, conduciéndonos a un ciclo pernicioso de resentimiento y estrés, afectando nuestra salud, dañando relaciones significativas y socavando la comunicación efectiva. ¿Por qué aparece la frustración? La frustración puede manifestarse por diversas razones, influenciadas por factores relacionados con nuestra infancia, aspectos sociales, internos y externos:

Infancia. La calidad de los vínculos afectivos durante la infancia influye directamente en la capacidad para gestionar la frustración en la edad adulta. John Bowlby, en su libro *Vínculos Afectivos*, destaca la importancia de las figuras de apego primarias y cómo estas influencias tempranas impactan en la construcción de nuestra resiliencia emocional y en nuestra forma de enfrentar los desafíos de la vida.

- **Apegos inseguros y respuesta a la frustración.** Las personas con apegos inseguros pueden experimentar una sensación constante de inseguridad y desconfianza, lo que contribuye a respuestas menos adaptativas frente a la frustración.
- **Ausencia de padres; sensación de abandono.** La ausencia física o emocional de los padres puede generar

un profundo sentimiento de abandono, dificultando la gestión saludable de la frustración y promoviendo una búsqueda constante de validación externa.

Otros factores que desencadenan frustración:

- **Factores sociales.** Nuestro entorno social establece expectativas y estándares a los que nos adaptamos. No alcanzar estos ideales puede generar frustración al aspirar a cumplir con las expectativas de quienes nos rodean.
- **Factores internos.** La autoexigencia y las metas poco realistas pueden desencadenar frustración. La autocrítica excesiva y la imposición de estándares inalcanzables contribuyen a este sentimiento.
- **Factores externos.** Las interacciones con otras personas pueden generar frustración. Las críticas, las expectativas de los demás y las expectativas que nosotros mismos proyectamos sobre los demás, a menudo no se alinean con la realidad, generando situaciones frustrantes.

Me siento frustrado, tengo ira. Un potente desencadenante de la ira es la frustración La ira es una fuerza emocional poderosa que surge de una variedad de sentimientos, entre ellos la frustración, el dolor, la irritación y la decepción. Es una emoción humana común que puede oscilar desde una leve irritación hasta una furia descontrolada. Cuanto más pensamos en las causas que la han desencadenado, más razones y justificaciones tenemos para estar furiosos. Darle vueltas al asunto es avivar las llamas de la ira. Cuando más piensas en los motivos que te producen ira, más iracundo te sientes. La ira se retroalimenta con facilidad, es un fuego que prende rápido. Esta peligrosa emoción puede ser enormemente dañina si se expresa de manera destructiva, causando dolor a nosotros mismos o a los demás. Reconocer y entender nuestros sentimientos de ira es el primer paso para manejar esta emoción de manera saludable y productiva. Sin embargo, la ira constructiva, aquella que nos impulsa a superarnos, puede convertirse en un elemento positivo que nos motiva a enfrentar con determinación los obstáculos que inevitablemente encontramos en la vida. Las energías que se liberan cuando estamos irritados pueden ser canalizadas de manera beneficiosa. Esta ira bien dirigida puede ser el primer impulso hacia nuevas ideas, crecimiento, cambio y la posibilidad de alcanzar metas nuevas, ya que nos aporta un poderoso incremento de energía tanto física como mental.

Un ejemplo inspirador de esto es la historia de Alfred Blasi, quien, afectado por una fibromialgia avanzada, se negó a resignarse a pasar el resto de su vida en una silla de ruedas. Investigando con su ordenador y sus amplios conocimientos de informática, descubrió un tratamiento que ha mejorado significativamente su calidad de vida y la de otros. Alfred recordó que su decisión de emprender esta búsqueda fue producto de un profundo sentimiento de ira y rabia al enfrentarse a los fuertes dolores y la incertidumbre sobre su futuro. Esta experiencia lo llevó a investigar incansablemente hasta encontrar una solución, desafiando todas las expectativas médicas.

Otras personas reaccionan ante la frustración con ira violenta y estéril, como un niño que se enfada y hace pataletas porque no puede obtener el juguete que desea. Esta actitud refleja una baja tolerancia a la frustración, lo que les impide abordar eficazmente el problema que enfrentan.

.... ✄ ....

La ira y la montaña

Cuentan que había un hombre que sufría con frecuencias ataques de ira y cólera, así que decidió un día abordar la situación. Para ello se fue a ver a un viajo sabio con fama de conocer la naturaleza humana; al llegar a su presencia le hablo así:

—Señor, quiero solicitar tu ayuda. Con frecuencia tengo ataques de ira y cólera que hacen que hacen que mi vida y la de mi familia sea muy desgraciada y ya he perdido a todos mis amigos. Ya sé que yo soy así, pero confió en poder cambiar si usted me aconseja.

—Lo que me cuentas es muy interesante —dijo el sabio—, pero para poder ayudarte eficazmente necesito que me muestres tu ira para saber de qué naturaleza es.

—Pero ahora no estoy enfadado —contestó el hombre.

—Bien, en ese caso —continuó el sabio— lo que tendrás que hacer la próxima vez que la ira te invada es venir rápidamente a visitarme a mi casa que está en lo alto de una montaña. Recuerda que has de venir lo más pronto que puedas.

54

El hombre se mostró de acuerdo y regreso a su casa, pero al día siguiente un pequeño incidente incendio su cólera y marcho velozmente a ver al anciano.

Sin embargo, la distancia es larga, la subida empinada y el calor sofocante, así que llegó a casa del anciano completamente agotado.

—Señor, aquí estoy como me dijiste.

—Estupendo, muéstrame tu ira.

Pero el hombre estaba tan agotado que no tenía ni rastro de ira.

—Eso es porque no has venido lo suficientemente rápido —dijo el anciano—, la próxima vez sube las cuestas más ligeras y así llegaras aun con la ira.

A los pocos días, al hombre le asalto otro ataque de cólera y, recordando las recomendaciones del sabio, subió las cuestas a todo correr. Lógicamente, cuando llegó estaba completamente exhausto y el sabio lo reprendió severamente.

—Esto no puede seguir así. Creo que debes esforzarte más y subir las cuestas mucho más deprisa, porque si no lo haces así no podré conocer tu ira.

El hombre bajó entristecido, jurándose que la próxima ocasión correría con todas sus fuerzas para llegar a tiempo de mostrar su ira.

Pero no ocurrió así. Una y otra vez subía las cuestas hasta la casa del anciano, y una y otra vez llegaba tan cansado que casi no podía hablar.

Un día que llegó en tal condición que tuvieron que acostarlo, el sabio le dijo:

—Creo que me has engañado. Si la ira formara parte de ti, podrías enseñármela estuvieras cansado o no.

Has subido a mi casa más de veinte veces y todas ellas has llegado sin asomo de ira. La verdad es que esa ira no te pertenece, llega a ti motivada por cualquier cosa y tú, estúpidamente, la recoges en tu mente. Por tanto, tienes dos opciones: o no recogerla… o ponerte a subir cuestas a toda carrera como un loco.

.... ❧ ....

La pausa como estrategia clave:

Ideal para momentos de frustración y enfado. Una pausa consciente antes de reaccionar impulsivamente ante situaciones estresantes es una estrategia poderosa. Proporciona el espacio necesario para abordar los desafíos con mayor claridad y serenidad, fortaleciendo nuestra capacidad para manejar las emociones intensas.

Practicar la pausa mental:

1. **Detén la reacción inmediata.** Antes de que la emoción te lleve a una reacción impulsiva, detén cualquier acción inmediata. Contén palabras o acciones impulsivas. Espera.
2. **Respira profundamente.** Toma varias respiraciones profundas y conscientes para activar el sistema nervioso parasimpático que te procurará la calma que necesitas.
3. **Encuentra claridad.** Utiliza este breve lapso para buscarla. Pregúntate cuál es la verdadera causa de tu frustración o enfado; reflexiona sobre la "verdad" de tus pensamientos y analiza la lógica (o no…) de tus expectativas.

Miedo

*"El miedo siempre está dispuesto a ver las cosas peor de
lo que son"*
Tito Livio

.... ❧ ....

Cuenta un viejo cuento oriental que un día un peregrino se encontró con la peste y le preguntó a dónde iba: A Bagdad —le contestó esta— a matar a cinco mil personas.

Pasó una semana y cuando el peregrino se volvió a encontrar con la Peste que regresaba de su viaje, la interpeló indignado:

¡Me dijiste que ibas a matar a cinco mil personas, y mataste a cincuenta mil!

No —respondió la Peste—. Yo sólo maté a cinco mil, el resto se murió de miedo.

.... ❧ ....

El miedo es una poderosa emoción que provoca un sentimiento de desconfianza que impulsa a creer que va a suceder algo negativo, se trata de la angustia ante un peligro que, y eso es muy importante, puede ser real o imaginario. Aunque el peligro no exista por ser imaginario, el miedo, por el contrario, sí puede ser muy real.

Los expertos han identificado cuatro respuestas automáticas ante el miedo: huida, defensa agresiva, inmovilidad y sumisión. Además de estas reacciones conductuales, el cuerpo experimenta cambios fisiológicos significativos. La presión cardiaca aumenta, la sudoración se intensifica mientras que la temperatura corporal desciende, las pupilas se dilatan y el tono muscular se incrementa, pudiendo llegar incluso al agarrotamiento.

Mario Alonso Puig, en su libro *Vivir es un asunto urgente,* comparte valiosas enseñanzas sobre cómo enfrentar el miedo y la ansiedad en momentos de crisis personal y profesional. Aquí tienes estrategias y ejercicios prácticos basados en sus ideas:

- **Practica la atención plena (*mindfulness*).** Reserva unos minutos al día para practicar la atención plena. Observa tus pensamientos y emociones sin juzgar. Esto ayuda a crear distancia entre nosotros y el miedo o la ansiedad.
- **Afronta el miedo.** Identifica pensamientos catastróficos asociados con tu miedo. Cuestiona la validez de esos pensamientos y reemplázalos por pensamientos más realistas y positivos.
- **Escribe una carta imaginaria en la que te despidas de tu miedo.** Detalla cómo ha limitado tu vida, de qué forma y en qué circunstancias ese miedo ha influido en momentos asados y su repercusión en tu situación presente. ¿Qué hubiera pasado si no hubieras sentido miedo? ¿Cómo sería tu situación hoy, si no hubieras tenido miedo ayer? Piénsalo.
- **Por último, expresa tu decisión de liberarte de él.**

Con mucha frecuencia, nuestros miedos más paralizantes solo necesitan un destello de luz para demostrar que todo está en nuestra imaginación, como ilustra el siguiente cuento:

.... ❧ ....

El puñado de guisantes

Cuenta la historia que una mujer joven le hace jurar al marido en su lecho de muerte que no se comprometerá con ninguna otra mujer... "si faltas a tu promesa, vendré en espíritu y no te dejaré vivir tranquilo".

El marido, al principio mantiene su palabra, pero, al cabo de unos meses, conoce a otra mujer y se enamora de ella. Muy pronto empieza a aparecérsele un espíritu cada noche que le acusa de haber faltado a su juramento.

Para el hombre no hay duda de que se trata de un espíritu, pues el fantasma nocturno no solo está informado de todo lo que pasa cada día entre él y su nueva amiga, sino que también conoce exactamente sus pensamientos, esperanzas y sentimientos.

Como la situación se le hace insoportable, el hombre decide pedir consejo a un maestro zen:

—Vuestra primera mujer se ha convertido en espíritu y sabe todo lo que hacéis — le declara el maestro—. Todo lo que vos hacéis o decís, todo lo que dais a vuestra prometida, él lo sabe. Tiene que ser un espíritu muy sabio. En verdad, tendríais que admiraros del tal espíritu. Cuando se os aparezca de nuevo, haced un trato con él. Decidle que sabe tanto que vos no le podéis ocultar nada y que vais a romper vuestro compromiso, si puede contestaros a una sola pregunta.

—¿Qué pregunta he de hacerle? —dice el hombre.

El maestro responde:

—Tomad un buen puñado de guisantes y preguntadle por el número exacto de guisantes que tenéis en la mano. Si no os sabe responder, sabréis que el espíritu no es más que un producto de vuestra imaginación y ya no os molestara más.

Cuando a la noche siguiente apareció el espíritu de la mujer, el hombre lo aduló diciéndole que lo sabía todo.

—Efectivamente —respondió el espíritu—. Y sé que hoy has ido a ver al maestro zen.

—Y ya que sabes tanto —prosiguió el hombre— dime cuantos guisantes tengo en la mano.

Y ya no hubo espíritu alguno para responder a esta pregunta.

.... ❧ ....

Esta historia nos recuerda la importancia de cuestionar nuestros miedos y creencias limitantes. Al enfrentarlos con lógica y racionalidad, podemos desenmascarar su verdadera naturaleza y liberarnos de su control sobre nosotros.

Algunas estrategias para controlar el miedo

Visualización positiva: cierra los ojos y sumérgete en un mundo de posibilidades. Visualiza de manera vívida cómo superas los desafíos y manejas las crisis con calma y determinación. Esta técnica no solo te ayuda a crear una mentalidad positiva, sino que también refuerza tu confianza en tus capacidades para enfrentar lo que sea que la vida te presente.

Cambio en el diálogo interno: observa con atención tus pensamientos y palabras. Cuando te encuentres pensando en negativo, desafía esas ideas y transfórmalas en afirmaciones positivas y poderosas. Por ejemplo, reemplaza "No puedo hacerlo" con "Estoy aprendiendo y mejorando cada día". Este cambio en el diálogo interno no solo disminuye la ansiedad, sino que también te empodera para enfrentar los desafíos con una actitud más constructiva y optimista.

Foco en el presente: en lugar de dejar que la ansiedad te abrume con preocupaciones sobre el futuro, trae tu atención de vuelta al momento presente. Divide cualquier tarea o desafío en pasos pequeños y concéntrate únicamente en el siguiente paso que debes dar. Este enfoque te ayuda a reducir la sensación de abrumadora urgencia que puede acompañar a las crisis, permitiéndote abordarlas de manera más eficiente y tranquila.

Cuerpo en movimiento: no subestimes el poder del movimiento para aliviar la ansiedad. Incorporar actividad física regular en tu rutina diaria puede marcar una gran diferencia en tu bienestar emocional. Ya sea practicando yoga para encontrar calma y equilibrio, dando un paseo revitalizante por la naturaleza o disfrutando de cualquier otra forma de ejercicio que te apasione, estar en movimiento libera endorfinas en tu cuerpo, lo que ayuda a reducir la ansiedad y mejorar tu estado de ánimo en general.

"Porque nos desconocemos, estamos llenos de miedos. Miedo al amor y miedo a la muerte. Miedo a nosotros mismos y a los otros. Miedo al abandono y al fracaso. Miedo a la soledad que provocamos y a la compañía que tenemos. Miedo a la dependencia y también a la libertad. Miedo a la oscuridad de cualquier clase y a las imágenes de la muerte. Miedo a la vejez, que nos pone de empujón frente a lo que somos y hemos sido, frente a lo que hemos dejado de ser y frente a lo que seremos. Miedo a la nada, y miedo, que cosa tan terrible, al mismo Dios"

Las afueras de Dios (Antonio Gala)

Tristeza

La pérdida suele ser el desencadenante de casi todos los episodios de tristeza. Dado que es inevitable que en algún momento perdamos a seres queridos o situaciones que nos hacían felices o cosas a las que les tenemos apego, también es inevitable que experimentemos tristeza. Es necesario recordar que el dolor que en tantas ocasiones nos provoca tristeza es algo inherente a la propia existencia, como cuenta tan acertadamente esta parábola: *La semilla de mostaza.*

La semilla de mostaza

Una mujer que había perdido a su bebé pregunta a un hombre santo si hay algún remedio para su dolor.

—Sí —le responde—, tienes que encontrar una casa que no haya conocido nunca el dolor y llevarte una semilla de mostaza de esa casa. Entonces te curarás.

La mujer pasó el resto de su vida buscando, pero no pudo encontrar una casa que nunca hubiera conocido el dolor.

La historia de la semilla nos invita a apreciar que el sufrimiento es algo común en el ser humano.

La tristeza puede ser devastadora, una emoción difícil de lidiar, Eckhart Tolle, en su libro *El poder del ahora,* ofrece enseñanzas valiosas sobre cómo abordar estos sentimientos. Aquí tienes estrategias y ejercicios prácticos basados en sus enseñanzas:

1. **Practicar la presencia.** Tómate unos minutos para simplemente estar presente. Observa tus pensamientos y siente las sensaciones en tu cuerpo sin juzgar. Este ejercicio ayuda a desconectarte de la narrativa mental que intensifica la tristeza.
2. **Aceptar la tristeza.** Sin resistencia. Permítete sentir sin juzgar ni analizar. La resistencia a la emoción puede intensificarla, mientras que la aceptación facilita su liberación.

3. **Identificar el "observador".** Observa la tristeza de manera imparcial. Reconoce que no eres la tristeza misma, sino el observador consciente de la emoción.
4. **Enfocarse en el ahora.** Desplaza tu atención al momento presente. Concédele un descanso a tu mente y no la obligues a repasar eventos pasados o preocupaciones por el futuro.
5. **Caminar consciente.** Sal a caminar y concéntrate plenamente en cada paso. Siente la conexión de tus pies con el suelo. La actividad física consciente puede ayudar a liberar la energía atrapada en la tristeza.
6. **Practicar la gratitud.** A pesar de sentir tristeza, encuentra algo por lo que sentir gratitud. Centrarse en aspectos positivos puede contrarrestar la intensidad de la tristeza.
7. **Respiración consciente.** Realiza respiraciones profundas y conscientes. Inhala lentamente, sintiendo el aire llenar tus pulmones, y exhala liberando la tensión. La respiración consciente calma el sistema nervioso.

"El sufrimiento es opcional. Elegimos sufrir cuando resistimos a lo que sucede"
Eckhart Tolle

Culpa

Veredicto: culpable. Somos el juez implacable y despiadado de nosotros mismos. El más inflexible es aquel que reside en nuestro interior. Que nos juzgue como culpables o no depende en gran parte de lo que hayamos aprendido, es decir, de los mensajes que llevamos grabados en nuestra mente.

"— ¡Pero no hay a quién juzgar! —exclamó el principito.
—Te juzgarás a ti mismo —le respondió el Rey.
Es lo más difícil. Es mucho más difícil juzgarse a sí mismo que a los demás. Si logras juzgarte bien a ti mismo, eres un verdadero sabio"
El Principito (Antoine de Saint–Exupéry)

La culpa es una de las más poderosas y dañinas emociones humanas, explica Vernon Coleman en su libro *La culpa*. Educados en ella, le permitimos entrar en nuestras vidas por cualquier mínimo resquicio: nos sentimos culpables porque no somos buenos padres, buenos hijos, buenos amantes, buenos amigos… Nos torturamos por no haber cumplido con cada una de nuestras metas proyectadas, por engordar, por no estar en todos los sitios que pensamos "debemos" estar… Culpables de hacer unas cosas y de no hacer otras, de tener ciertos pensamientos, de sentir emociones y deseos, quizá, inconfesables, de no ser lo bastante esto o de ser demasiado aquello… La forma en la que nos juzgarnos puede convertirse en un verdadero tormento. Pese a los años que llevo trabajando en el mundo de la mente humana, todavía me sorprendo ante el

65

grado de crueldad con que algunas personas se tratan a sí mismas, la profunda aversión o el asco que llegan a sentir por su propio ser, explica el psiquiatra Luis Rojas Marcos.

.... ❧ ....

El cruce del río (cuento zen)

Había una vez dos monjes zen que caminaban por el bosque de regreso al monasterio. Cuando llegaron al río, una mujer lloraba en cuclillas cerca de la orilla. Era joven y atractiva.

—¿Qué te sucede? —le preguntó el más anciano.

—Mi madre se muere. Ella está sola en su casa, del otro lado del río y yo no puedo cruzar. Lo intenté —siguió la joven—, pero la corriente me arrastra y no podré llegar nunca al otro lado sin ayuda... pensé que no la volvería a ver con vida. Pero ahora... ahora que aparecisteis vosotros, alguno de los dos podrá ayudarme a cruzar...

—Ojalá pudiéramos —se lamentó el más joven—. Pero la única manera de ayudarte sería cargarte a través del río y nuestros votos de castidad nos impiden todo contacto con el sexo opuesto. Eso está prohibido... lo siento.

—Yo también lo siento —dijo la mujer y siguió llorando.

El monje más viejo se arrodilló, bajó la cabeza y dijo:

—Sube.

La mujer no podía creerlo, pero con rapidez tomó su atadito con ropa y montó a horcajadas sobre el monje. Con bastante dificultad, el monje cruzó el río, seguido por el otro más joven. Al llegar al otro lado, la mujer descendió y se acercó en actitud de besar las manos del anciano monje.

—Está bien, está bien —dijo el viejo retirando las manos— sigue tu camino.

La mujer se inclinó en gratitud y humildad, tomó sus ropas y corrió por el camino del pueblo. Los monjes, sin decir palabra, retomaron su marcha al monasterio... faltaban aún diez horas de caminata.

Poco antes de llegar, el joven le dijo al anciano:

—Maestro, vos sabéis mejor que yo de nuestro voto de castidad. No obstante, cargaste sobre tus hombros a aquella mujer todo el ancho del río.

—Yo la llevé a través del río, es cierto, pero ¿qué pasa contigo que la cargas todavía sobre los hombros?

.... ❧ ....

Cargar constantemente con la culpa o el remordimiento solo nos impide avanzar. Al igual que el joven monje que sigue llevando consigo la carga emocional de la transgresión del voto de castidad, a menudo llevamos la carga de nuestros errores pasados, impidiéndonos vivir plenamente en el presente. El anciano monje, al dejar ir la situación una vez que ha pasado, nos muestra el camino hacia la liberación y la paz interior.

El poder del arrepentimiento y la reparación

Constituyen dos pilares fundamentales en el proceso de aliviar la culpa y restaurar la armonía en nuestras relaciones

67

y en nuestro interior. Pedir perdón no basta; es imprescindible acompañarlo con acciones que reparen el daño causado, siempre que sea posible.

Reparar el daño puede manifestarse de diversas maneras. Por ejemplo, si hemos herido a alguien con palabras hirientes, podemos disculparnos sinceramente y luego trabajar en comunicarnos de manera más respetuosa y empática. Si hemos dañado la confianza de alguien, podemos esforzarnos por reconstruirla a través de acciones consistentes. Si hemos causado pérdidas materiales, podemos compensarlas de alguna manera tangible. Sin embargo, en algunos casos, la reparación puede resultar imposible. Por ejemplo, si hemos perdido la oportunidad de estar presentes para alguien en un momento crucial de sus vidas y esa persona ya no está disponible para nosotros, la reparación directa puede ser inalcanzable. En tales casos, es importante aceptar la responsabilidad por nuestras acciones, aprender de ellas y comprometernos a actuar de manera diferente en el futuro.

A menudo, nos encontramos sumidos en la culpa por situaciones o eventos en los que no tenemos una responsabilidad directa. Nos torturamos mentalmente, cuestionando nuestro papel en el resultado de "algo" sobre lo que no tenemos control. En tales casos, es fundamental discernir entre la culpa real y la responsabilidad inapropiada. El continuo sentimiento de culpa puede perjudicar nuestra salud mental y emocional. Es crucial practicar la compasión hacia nosotros mismos y reconocer que no somos responsables de todo lo que sucede a nuestro alrededor.

El niño y los clavos

Había un niño que tenía muy, pero que muy mal carácter y una baja tolerancia a la frustración. Un día, su padre intentó enseñarle las consecuencias de sus rabietas y asi, le entregó una bolsa con clavos y le dijo que cada vez que perdiera la calma, cada vez que gritara, insultara, faltara al respeto a otra persona, que debería clavar un clavo en la pared de su habitación.

El primer día, el niño clavó 37 clavos en la cerca. Al día siguiente, menos, y así con los días posteriores. El niño se hizo consciente de sus reacciones y comenzó a controlar su mal carácter.

Finalmente llegó el día en que el niño no perdió la calma ni una sola vez y se lo dijo a su padre que no tenía que clavar ni un clavo en la pared. Él había conseguido, por fin, controlar su mal temperamento.

Su padre, muy contento y satisfecho, sugirió entonces a su hijo que por cada día que controlase su carácter, sacase un clavo de la pared de su habitación.

Los días se pasaron y el niño pudo finalmente decir a su padre que ya había sacado todos los clavos de la cerca. Entonces el padre llevó a su hijo, de la mano, hasta la pared de su habitación y le dijo:

—Mira, hijo, has trabajo duro para clavar y quitar los clavos de esta pared, pero fíjate en todos los agujeros que han quedado... ¡Jamás será la misma!

Lo que quiero decir es que cuando dices o haces cosas con mal genio, enfado y mal carácter, dejas una cicatriz en el corazón de una o más personas, como estos agujeros que ves en la pared de tu habitación. Ya no importa tanto que pidas perdón. La herida estará siempre allí. Y una herida física es igual que una herida verbal. Las palabras de su padre, así como la experiencia vivida con los clavos, hicieron que el niño reflexionase sobre las consecuencias de los arrebatos de su carácter.

Emociones resilientes

Fortalecen nuestra capacidad para enfrentar crisis y desafíos. La clave radica en la práctica constante y la aplicación consciente de las siguientes emociones en tu vida diaria.

Optimismo. Implica ver desafíos como oportunidades de aprendizaje y desarrollo personal. En los momentos difíciles, el optimismo actúa como un catalizador para encontrar soluciones creativas y oportunidades de crecimiento. Adoptar una mentalidad optimista puede cambiar la perspectiva y permitir la búsqueda de soluciones en lugar de centrarnos en los problemas.

"El optimismo es la cordura de la esperanza"
Ernst Bloch

Resiliencia. Es la capacidad de recuperarnos rápidamente de contratiempos y adaptarnos a nuevas circunstancias en un corto periodo de tiempo. Es una suerte de escudo emocional que nos permite sobreponernos a los momentos difíciles y lograr seguir adelante. Reflexionar sobre situaciones pasadas ayuda a identificar estrategias que hemos utilizado para superar otros obstáculos con los que nos hemos encontrado en la vida, puede ser de gran utilidad.

"La resiliencia surge cuando nos damos cuenta de que la adversidad no determina nuestro destino, sino cómo respondemos a ella"
Shawn Achor

Aceptación. Aceptar la realidad tal como es, sin resistencia ni juicio. Enfrentar la verdad, incluso cuando es dolorosa, es esencial para abordar cualquier desafío, crisis, malos momentos... La aceptación permite liberar la energía que de otra manera se gastaría en alimentar y mantener la resistencia.

"La aceptación es el primer paso para liberarse del sufrimiento"
Eckhart Tolle

Empatía. Comprender y conectar con los sentimientos de los demás. En las circunstancias difíciles, la empatía fortalece las conexiones sociales y brinda apoyo mutuo. La solidaridad emocional puede ser un recurso invaluable.

Gratitud. Apreciar lo positivo en medio de las dificultades. La gratitud cambia la perspectiva de lo que nos sucede y fomenta la resiliencia. *"La gratitud convierte lo que tenemos en suficiente"* (Melody Beattie).

71

Flexibilidad. Adaptarse a los cambios de manera fluida. La flexibilidad emocional permite ajustar expectativas y encontrar nuevas soluciones en situaciones cambiantes.

"La flexibilidad es la clave de la supervivencia"
Charles Darwin

Esperanza. Creer en la posibilidad de un futuro mejor. La esperanza actúa como un motor para seguir adelante, incluso cuando las circunstancias son extremadamente difíciles. Establecer metas realistas y trabajar hacia ellas mantiene viva la visión de un futuro mejor.

"La esperanza es el único bien común a todos los hombres; aquellos que todo lo han perdido la poseen aún"
Tales de Mileto

Humor. Encontrar el lado humorístico de las situaciones. El humor alivia la tensión emocional durante los tiempos difíciles. No se trata de minimizar la gravedad de la situación, sino de encontrar momentos de alegría.

"El humor es la gran cosa, la salvación después de todo"
Charlie Chaplin

La pelea de lobos

Cuenta una antigua leyenda *sioux* que, una noche, al lado de la fogata del campamento, el viejo cacique de la tribu tuvo una charla con sus nietos acerca de la vida. Él decía: "Una gran pelea entre dos lobos tiene lugar dentro de mí. Uno de los lobos es maldad, temor, ira, envidia, dolor, rencor, avaricia, arrogancia, culpa, resentimiento, orgullo, celos... El otro lobo es bondad, alegría, amor, serenidad, humildad, generosidad, compasión, valor, fe, gratitud… Esa misma pelea ocurre dentro de vosotros y dentro de todos los seres de la tierra".

Los niños pensaron unos minutos lo que decía el abuelo, y después de un silencio, uno de los niños le preguntó:

—Abuelo, ¿y cuál de los dos lobos crees que ganará la pelea?

—Ganará, sin duda, el lobo que tú más alimentes —fue su respuesta.

La pelea de los lobos dentro de nosotros representa el constante conflicto entre las emociones y actitudes opuestas que experimentamos en la vida. La elección de alimentar y nutrir emociones positivas como la alegría, el amor, el optimismo y la gratitud, nos lleva por el camino de la paz interior y la plenitud. Al contrario, si alimentamos emociones negativas como el miedo, la ira, la envidia y el resentimiento, solo cosecharemos sufrimiento y desdicha.

Explorando raíces emocionales con el árbol genealógico

El libro *El árbol genealógico de patrones emocionales*, escrito por el psicoterapeuta John Smith, ofrece una perspectiva única sobre cómo explorar y comprender las influencias emocionales dentro de la familia a través de un ejercicio valioso: el dibujo del árbol genealógico emocional.

Esta es una práctica poderosa para comprender mejor nuestras conexiones familiares y los patrones emocionales que nos han moldeado.

Aquí tienes un resumen del proceso:

1. **Preparación:** encuentra un lugar tranquilo para conectarte contigo mismo antes de comenzar el ejercicio.
2. **Dibuja el árbol genealógico:** utiliza el formato tradicional de un árbol genealógico para trazar tu línea familiar, incluyendo padres, abuelos y otros miembros relevantes.
3. **Identifica patrones emocionales:** reflexiona sobre las experiencias y patrones emocionales en tu familia a lo largo de las generaciones.
4. **Asigna colores o etiquetas:** utiliza colores o etiquetas para representar diferentes emociones en tu árbol genealógico.
5. **Analiza:** examina cómo se transmiten las emociones entre generaciones y cómo influyen en tu experiencia emocional.

6. **Reflexión personal:** reflexiona sobre cómo los patrones emocionales familiares han influido en ti y qué pasos puedes tomar para sanar y crecer.
7. **Planificación de acciones positivas:** desarrolla un plan para abordar los patrones emocionales desafiantes y establecer límites saludables.
8. **Celebración de los aspectos positivos:** reconoce tanto los desafíos como las fortalezas en tu historia familiar y comparte tus descubrimientos con tu familia.
9. **Identificación de recursos de apoyo:** busca apoyo profesional si te sientes abrumado por las emociones surgidas durante el ejercicio.

Este proceso te ayudará a comprender mejor tu historia emocional familiar y te brindará herramientas para sanar y fortalecer tus relaciones.

Autoestima: un viaje hacia el amor propio

Nathaniel Branden, reconocido psicoterapeuta y escritor, define la autoestima como el resultado de la evaluación positiva o negativa que una persona hace de sí misma. En su obra *Las seis columnas de la autoestima,* identifica seis elementos fundamentales para construir y mantener una autoestima saludable:

1. **Conciencia de sí mismo:** conocerse de manera precisa y realista.

75

2. **Aceptar la responsabilidad:** reconocer la responsabilidad en elecciones, acciones y emociones.
3. **Autonomía:** desarrollar independencia y capacidad de decisión.
4. **Propósito de vida:** establecer metas significativas.
5. **Integridad personal:** vivir en congruencia con valores y principios.
6. **Autoaceptación:** abrazar tanto los aspectos positivos como las imperfecciones.

En el libro *Desarrolla una mente prodigiosa,* Ramón Campayo ofrece estrategias para fortalecer la autoestima y desarrollar una mentalidad positiva. Estos ejercicios ayudan a fortalecer la autoestima y promueven una mentalidad proactiva y positiva.

1. **Empoderamiento personal y pequeños logros:** celebrar metas diarias alcanzables.
2. **Reconocimiento de habilidades únicas:** hacer una lista de talentos y cómo utilizarlos.
3. **Visualización positiva y autoafirmaciones:** visualizar el éxito y utilizar afirmaciones positivas.
4. **Exploración de nuevos desafíos:** salir de la zona de confort para aumentar la autoeficacia.
5. **Eliminación de autocríticas destructivas:** desafiar patrones de autocrítica y reemplazarlos con pensamientos compasivos.
6. **Cultivo de una mentalidad positiva:** mantener un diario de gratitud para enfocarse en lo positivo.

"Amarse a uno mismo es el comienzo de una historia de amor para toda la vida"
Oscar Wilde

.... ❧ ....

El verdadero valor del anillo

Érase una vez un joven que acudió a un sabio en busca de ayuda.

—Vengo, maestro, porque me siento tan poca cosa que no tengo ganas de hacer nada. Me dicen que no sirvo, que no hago nada bien, que soy torpe y bastante tonto. ¿Cómo puedo mejorar? ¿Qué puedo hacer para que me valoren más?

El maestro, sin mirarlo, le dijo:

—Cuánto lo siento, muchacho. No puedo ayudarte, ya que debo resolver primero mi propio problema. Quizá después…

Y, haciendo una pausa, agregó:

—Si quisieras ayudarme tú a mí, yo podría resolver este tema con más rapidez y después tal vez te pueda ayudar.

—E… encantado, maestro —titubeó el joven— sintiendo que de nuevo era desvalorizado y sus necesidades postergadas.

—Bien —continuó el maestro—.

Se quitó un anillo que llevaba en el dedo meñique de la mano izquierda y, dándoselo al muchacho, añadió:

—Toma el caballo que está ahí fuera y cabalga hasta el mercado. Debo vender este anillo porque tengo que pagar una deuda. Es necesario que obtengas por él la mayor suma posible, y no aceptes menos de una moneda de oro. Vete y regresa con esa moneda lo más rápido que puedas.

El joven tomó el anillo y partió. Apenas llegó al mercado, empezó a ofrecer el anillo a los mercaderes, que lo miraban con algo de interés hasta que el joven decía lo que pedía por él.

Cuando el muchacho mencionaba la moneda de oro, algunos reían, otros le giraban la cara y tan solo un anciano fue lo bastante amable como para tomarse la molestia de explicarle que una moneda de oro era demasiado valiosa como para entregarla a cambio de un anillo. Con afán de ayudar, alguien le ofreció una moneda de plata y un recipiente de cobre, pero el joven tenía instrucciones de no aceptar menos de una moneda de oro y rechazó la oferta.

Después de ofrecer la joya a todas las personas que se cruzaron con él en el mercado, que fueron más de cien, y abatido por su fracaso, montó en su caballo y regresó.

Cuánto hubiera deseado el joven tener una moneda de oro para entregársela al maestro y liberarlo de su preocupación, para poder recibir al fin su consejo y ayuda. Entró en la habitación.

—Maestro —dijo—, lo siento. No es posible conseguir lo que me pides. Quizás hubiera podido conseguir dos o tres monedas de plata, pero no creo que yo pueda engañar a nadie respecto del verdadero valor del anillo.

—Eso que has dicho es muy importante, joven amigo —contestó sonriente el maestro—. Debemos conocer primero el verdadero valor del anillo. Vuelve a montar tu caballo y ve a ver al joyero. ¿Quién mejor que él puede saberlo? Dile que desearías vender el anillo y pregúntale cuánto te da por él. Pero no importa lo que te ofrezca: no se lo vendas. Vuelve aquí con mi anillo. El joven volvió a cabalgar.

El joyero examinó el anillo a la luz del candil, lo miró con su lupa, lo pesó y luego le dijo al chico:

—Dile al maestro, muchacho, que, si lo quiere vender ya mismo, no puedo darle más de cincuenta y ocho monedas de oro por su anillo.

—¿Cincuenta y ocho monedas? —exclamó el joven.

—Sí —replicó el joyero—. Yo sé que con tiempo podríamos obtener por él cerca de setenta monedas, pero si la venta es urgente...

El joven corrió emocionado a casa del maestro a contarle lo sucedido.

—Siéntate —dijo el maestro después de escucharlo—. Tú eres como ese anillo: una joya, valiosa y única. Y como tal, sólo puede evaluarte un verdadero experto. ¿Por qué vas por la vida pretendiendo que cualquiera descubra tu verdadero valor?

Y, diciendo esto, volvió a ponerse el anillo en el dedo meñique de su mano izquierda.

.... ॐ ....

La moraleja de este cuento, de Jorge Bucay, reside en la comprensión del verdadero valor propio y la autoestima. Nos invita a mirar dentro de nosotros mismos para descubrir nuestro propio valor y no depender de la opinión (tasación) de los demás.

79

Reconocer nuestras habilidades, fortalezas y cualidades únicas nos permite cultivar una autoestima sólida y resiliente, independiente de la aprobación externa. Como el maestro concluye al ponerse de nuevo el anillo, cada uno de nosotros es una joya valiosa y única que merece ser reconocida y valorada, principalmente por nosotros mismos.

Segunda parte

De la oscuridad a la luz: la crisis como oportunidad

De la adversidad a la oportunidad

☙

¿Buena suerte o mala suerte?

En una aldea pequeña, hace muchos años, vivía un campesino junto a su único hijo. Los dos se pasaban las horas cultivando el campo sin más ayuda que la fuerza de sus manos. Se trataba de un trabajo muy duro, pero se enfrentaban a él con buen humor y nunca se quejaban de su suerte.

Un día, un precioso caballo negro salvaje bajó las montañas galopando y entró en su granja atraído por el olor a comida. Descubrió que el establo estaba repleto de heno, zanahorias y brotes de alfalfa, así que ni corto ni perezoso, se puso a comer.

El joven hijo del campesino lo vio y pensó:

—¡Qué animal tan fabuloso! ¡Podría servirnos de gran ayuda en las labores de labranza!

Sin dudarlo, corrió hacia la puerta del cercado y la cerró para que no pudiera escapar.

En pocas horas la noticia se extendió por el pueblo. Muchos vecinos se acercaron a felicitar a los granjeros por su buena fortuna. ¡No se encontraba un caballo como ese todos los días!

El alcalde, que iba en la comitiva, abrazó con afecto al viejo campesino y le susurró al oído:

—Tienes un precioso caballo que no te ha costado ni una moneda… ¡Menudo regalo de la naturaleza! ¡A eso le llamo yo tener buena suerte!

El hombre, sin inmutarse, respondió:

—¿Buena suerte? ¿Mala suerte?… ¡Quién sabe!

Los vecinos se miraron y no entendieron a qué venían esas palabras. ¿Acaso no tenía claro que era un tipo afortunado? Un poco extrañados, se fueron por donde habían venido.

A la mañana siguiente, cuando el labrador y su hijo se levantaron, descubrieron que el brioso caballo ya no estaba. Había conseguido saltar la cerca y regresar a las montañas. La gente del pueblo, consternada por la noticia, acudió de nuevo a casa del granjero.

Uno de ellos habló en nombre de todos.

—Venimos a decirte que lamentamos muchísimo lo que ha sucedido. Es una pena que el caballo se haya escapado. ¡Qué mala suerte!

Una vez más, el hombre respondió sin torcer el gesto y mirando al vacío.

—¿Buena suerte? ¿Mala suerte?… ¡Quién sabe!

Todos se quedaron pensativos intentando comprender qué había querido decir de nuevo con esa frase tan ambigua, pero ninguno preguntó nada por miedo a quedar mal.

Pasaron unos días y el caballo regresó, pero esta vez no venía solo sino acompañado de otros miembros de la manada entre los que había varias yeguas y un par de potrillos. Un niño que andaba por allí cerca se quedó pasmado ante el bello espectáculo y después, muy emocionado, fue a avisar a todo el mundo.

Muchísimos curiosos acudieron en tropel a casa del campesino para felicitarle, pero su actitud les defraudó; a pesar de que lo que estaba ocurriendo era algo insólito, él mantenía una calma asombrosa, como si no hubiera pasado nada.

Una mujer se atrevió a levantar la voz:

—¿Cómo es posible que estés tan tranquilo? No sólo has recuperado tu caballo, sino que ahora tienes muchos más. Podrás venderlos y hacerte rico. ¡Y todo sin mover un dedo! ¡Pero qué buena suerte tienes!

Una vez más, el hombre suspiró y contestó con su tono apagado de siempre:

—¿Buena suerte? ¿Mala suerte?… ¡Quién sabe!

Desde luego, pensaban todos, su comportamiento era anormal y sólo le encontraban una explicación: o era un tipo muy raro o no estaba bien de la cabeza. ¿Acaso no se daba cuenta de lo afortunado que era?

Pasaron unas cuantas jornadas y el hijo del campesino decidió que había llegado la hora de domar a los caballos. Al fin y al cabo, eran animales salvajes y los compradores sólo pujarían por ellos si los entregaba completamente dóciles.

Para empezar, eligió una yegua que parecía muy mansa. Desgraciadamente, se equivocó. En cuanto se sentó sobre ella, la jaca levantó las patas delanteras y de un golpe seco le tiró al suelo. El joven gritó de dolor y notó un crujido en el hueso de su rodilla derecha.

No quedó más remedio que llamar al doctor y la noticia corrió como la pólvora. Minutos después, decenas de cotillas se plantaron otra vez allí para enterarse bien de lo que había sucedido. El médico inmovilizó la pierna rota del chico y comunicó al padre que tendría que permanecer un mes en reposo sin moverse de la cama.

El panadero, que había salido disparado de su obrador sin ni siquiera quitarse el delantal manchado de harina, se adelantó unos pasos y le dijo al campesino:

—¡Cuánto lo sentimos por tu hijo! ¡Menuda desgracia, qué mala suerte ha tenido el pobrecillo!

Cómo no, la respuesta fue clara:

—¿Buena suerte? ¿Mala suerte?… ¡Quién sabe!

Los vecinos ya no sabían qué pensar. ¡Qué hombre tan extraño!

El chico estuvo convaleciente en la cama muchos días y sin poder hacer nada más que mirar por la ventana y leer algún que otro libro. Se sentía más aburrido que un pingüino en el desierto, pero si quería curarse, tenía que acatar los consejos del doctor.

Una tarde que estaba medio dormido dejando pasar las horas, entró por sorpresa el ejército en el pueblo. Había estallado la guerra en el país y necesitaban reclutar muchachos mayores de dieciocho años para ir a luchar contra los enemigos. Un grupo de soldados se dedicó a ir casa por casa y como era de esperar, también llamaron a la del campesino.

—Usted tiene un hijo de veinte años y tiene la obligación de unirse a las tropas. ¡Estamos en guerra y

84

debe luchar como un hombre valiente al servicio de la nación!

El anciano les invitó a pasar y le condujo a la habitación donde estaba el enfermo. Los soldados, al ver que el chico tenía el cuerpo lleno de magulladuras y la pierna vendada hasta la cintura, se dieron cuenta de que estaba incapacitado para ir a la guerra; a regañadientes, escribieron un informe que le libraba de prestar el servicio y continuaron su camino.

Muchos vecinos se acercaron, una vez más, a casa del granjero. Uno de ellos, exclamó:

—Estamos destrozados porque nuestros hijos han tenido que alistarse al ejército y van camino de la guerra. Quizá jamás les volvamos a ver, pero en cambio, tu hijo se ha salvado. ¡Qué buena suerte tenéis!

¿Sabes qué respondió el granjero?

—¿Buena suerte? ¿Mala suerte?… ¡Quién sabe!

.... ❧ ....

La historia del campesino y su hijo nos recuerda que las dificultades pueden llevar consigo oportunidades ocultas, mientras que las aparentes bendiciones pueden acarrear desafíos inesperados. En última instancia, la clave está en mantener una mente abierta y adaptarse a las circunstancias, sin dejarse llevar por las etiquetas de "buena" o "mala" suerte, ya que el verdadero significado de cada experiencia solo se revela con el tiempo.

Transformando desafíos en oportunidad

Winston Churchill, el icónico líder político reconocido por sus motivadores discursos que inspiraron a la nación británica durante los momentos más difíciles de la guerra, expresó de manera elocuente: "La dificultad es el medio que la naturaleza utiliza para desarrollar a los hombres. Todo lo que obstaculiza nuestro camino, en realidad, nos está ayudando". Esta perspectiva sugiere que, en lugar de temer o resistirse a las dificultades, parece más recomendable aprovechar estas situaciones adversas como catalizadores para evolucionar, fortalecernos y descubrir nuevas oportunidades en el camino hacia una vida plena y significativa.

"A menudo miramos tanto tiempo a una puerta que se cierra que vemos demasiado tarde otra que está abierta"
Helen Keller

La adversidad como motor de cambio

Viktor E. Frankl, neurólogo y psiquiatra austriaco, además de sobreviviente del Holocausto, ofrece en su célebre obra *El hombre en busca de sentido,* una singular perspectiva sobre cómo la adversidad puede transformarse en una fuerza impulsora para el cambio y el crecimiento personal. El autor sostiene que, incluso en las circunstancias más desafiantes, todos tenemos la capacidad para encontrar significado y propósito en nuestras vidas. Fundamenta su filosofía en la idea de que la libertad última del ser humano es su capacidad para elegir, su actitud frente a las circunstancias, incluso cuando se enfrenta a la adversidad más extrema. Desde su experiencia en campos de concentración nazis, Víctor Frankl observó que aquellos prisioneros que encontraron un propósito o sentido en medio de la adversidad tenían más posibilidades de sobrevivir a aquel infierno.

"Dentro de cada adversidad hay una semilla de beneficio equivalente. No pierdas tiempo quejándote de la oscuridad, enciende una vela"
Napoleón Hill

Creatividad e innovación en momentos difíciles

Creatividad e innovación son poderosos recursos en tiempos de desafíos personales o profesionales. En situaciones adversas, donde los obstáculos parecen insuperables, la capacidad de pensar de manera innovadora y encontrar soluciones creativas puede marcar la diferencia entre el éxito y el fracaso. Cuando las adversidades golpean con fuerza, es fundamental cultivar una mentalidad que fomente la imaginación y la búsqueda de soluciones novedosas. Como señala el psicólogo Mihaly Csikszentmihalyi en su obra *Fluir: una psicología de la felicidad* (1990), la creatividad surge en situaciones de desafío, cuando nuestros recursos internos y externos son puestos a prueba.

La creatividad no conoce límites ni fronteras; es un recurso infinito que reside en cada uno de nosotros. En medio de la tormenta, es esencial explorar nuevas perspectivas, desafiar lo establecido y atreverse a pensar de manera diferente. Eduardo Punset, en su libro *El viaje a la felicidad: las nuevas claves científicas* (2007), resalta la importancia de la creatividad como motor de cambio y adaptación en tiempos difíciles.

La innovación, por su parte, emerge como la manifestación tangible de la creatividad. Es el proceso mediante el cual transformamos ideas en acciones concretas que generan un impacto positivo en nuestras vidas y en la sociedad. En su libro *Innovar para ganar: el futuro de la innovación* (2011), Ramón Muñoz–Chápuli subraya cómo la innovación puede ser un salvavidas en momentos de crisis, permitiéndonos encontrar nuevas formas de hacer las cosas y reinventarnos a nosotros mismos.

La creatividad puede manifestarse de diversas maneras, según Jeff DeGraff, quien identifica cinco tipos principales:

1. **Creatividad intuitiva.** Se produce cuando una persona se relaja y se desconecta del entorno, permitiendo que las ideas fluyan libremente.
2. **Creatividad mimética.** Surge de la imitación y la adaptación de ideas que funcionaron en el pasado a situaciones similares en el presente.
3. **Creatividad narrativa.** Consiste en la capacidad de crear mundos, personas o historias de forma única y comprensible.

4. **Creatividad bisociativa.** Equilibra lo racional y lo irracional, permitiendo momentos de lógica combinados con momentos de inspiración y locura.

5. **Creatividad analógica.** Implica la conexión de ideas y conceptos conocidos con otros desconocidos, facilitando la comprensión de lo nuevo a través de lo ya conocido.

.... ⤨ ....

Un rey, enfrentando la pérdida de su reino y el avance de enemigos, demostró coraje y ecuanimidad. Aunque el temor estaba presente, no permitió que el miedo lo dominara. En lugar de ceder ante la desesperación, optó por una estrategia creativa: abrir todas las puertas y ventanas del castillo, mostrando una aparente falta de defensa.

La inesperada acción del rey desconcertó a los invasores, quienes interpretaron su serenidad como una trampa. Esta demostración de creatividad y valentía fue clave para disuadir a los bárbaros, quienes decidieron retirarse.

.... ⤨ ....

Esta historia apuesta por la creatividad y el coraje en momentos de crisis. En lugar de sucumbir al miedo, es mejor buscar soluciones innovadoras que nos permitan enfrentar el desafío que nos provoca ese miedo, con determinación y confianza.

"Si piensas que puedes, acertaras. Si piensas que no puedes, también acertaras" (Henry Ford)

Carol S. Dweck, psicóloga y autora de *Mindset: la actitud del éxito,* propone un enfoque interesante para identificar oportunidades de crecimiento incluso en los peores momentos. Aquí tienes estrategias inspiradas en su obra, junto con ejercicios prácticos:

1. **Cultivar una mentalidad de crecimiento.** Dweck apuesta por una mentalidad de crecimiento, donde las personas creen que sus habilidades y cualidades pueden desarrollarse con esfuerzo y aprendizaje.
   - *Ejercicio práctico:* reflexiona sobre tus creencias acerca de tus habilidades. Identifica áreas en las que puedas adoptar una mentalidad de crecimiento, reconociendo que el esfuerzo y la perseverancia pueden generar desarrollo.

2. **Reenmarcar desafíos como oportunidades.** Enfrentar desafíos con una mentalidad de crecimiento permite verlos como oportunidades para aprender y mejorar, en lugar de obstáculos insuperables.
   - *Ejercicio práctico:* selecciona un desafío actual. Escribe tres posibles lecciones que podrías aprender de esta situación y cómo podrían contribuir a tu crecimiento personal.

3. **Establecer objetivos de desarrollo personal.** Fijar metas específicas para aprender y mejorar promueve un crecimiento continuo incluso en medio de la adversidad.
   - *Ejercicio práctico:* define una meta de desarrollo personal para el próximo mes. Asegúrate de que sea específica, medible y desafiante, y elabora un plan paso a paso para alcanzarla.

4. **Solicitar retroalimentación constructiva.** Una retroalimentación honesta es esencial para el crecimiento. Buscar y apreciar comentarios constructivos fomenta la mejora continua.
   - *Ejercicio práctico:* solicita a alguien de confianza que te proporcione retroalimentación sobre una habilidad o área específica. Agradece la retroalimentación y elabora un plan para trabajar en las áreas señaladas.
5. **Aprender de modelos a seguir.** Observar a aquellos que han superado desafíos similares puede inspirar y proporcionar ideas para el crecimiento personal.
   - *Ejercicio práctico:* identifica a alguien que admires por su resiliencia y capacidad para crecer en tiempos difíciles. Analiza las estrategias que han utilizado y considera cómo podrías aplicarlas a tu propia vida.

"La verdadera liberación viene cuando aprendemos a no ser afectados por lo que sucede a nuestro alrededor, sino por cómo elegimos interpretarlo"
Victor Frankl

La actitud determina el resultado

Ryan Holiday, en su libro *El obstáculo es el camino*, inspirado en la filosofía estoica, explora los desafíos y las adversidades no como obstáculos, sino como oportunidades para el crecimiento y el desarrollo personal. Para el autor, el obstáculo en el camino no es un impedimento para el éxito, sino el mismo camino hacia él. La actitud determina el resultado: en lugar de sucumbir al pesimismo o la desesperación, aboga por adoptar una mentalidad resiliente y enfocada en encontrar soluciones. La actitud positiva y la determinación pueden cambiar significativamente el resultado de cualquier situación adversa. Holiday destaca la necesidad de enfocarnos en aquello que podemos controlar. Dirigir nuestra atención hacia aquello en lo que verdaderamente podemos influir nos permite enfrentar los desafíos con mayor efectividad y menos coste emocional y energético.

.... ✿ ....

Carrera de obstáculos

Hace mucho tiempo, un rey colocó una gran roca obstaculizando un camino. Se escondió y miró para ver si alguien quitaba la tremenda piedra. Algunos pasaron simplemente dando una vuelta. Muchos culparon al rey por no mantener los caminos despejados, pero ninguno hizo nada para sacar la piedra del camino.

Un campesino, que pasaba por allí con una carga de verduras, la vio. Al aproximarse a ella, puso su carga en el piso y trató de mover la roca a un lado del camino. Después de empujar y fatigarse mucho, con gran esfuerzo, lo logró. Mientras recogía su carga de vegetales, vio una bolsa en el suelo, justo donde había estado la roca.

La bolsa contenía numerosas monedas de oro y una nota del mismo rey diciendo que el oro era la recompensa para la persona que removiera la piedra del camino. El campesino aprendió ese día que cada obstáculo puede esconder su recompensa.

Cinco historias inspiradoras

Personas excepcionales han demostrado una increíble capacidad para transformar la adversidad en oportunidad. Desde icónicas figuras del entretenimiento y la literatura hasta líderes empresariales y defensores de los derechos humanos, han emergido como inspiradoras figuras de resiliencia y éxito. Son un recordatorio constante de que, incluso en los momentos más oscuros, siempre hay luz al final del túnel y que cada uno de nosotros tiene el potencial de escribir su propia historia de éxito y superación.

Aquí tienes cinco historias que enseñan lecciones valiosas.

Thomas Edison
La luz de la persistencia y la creatividad

Nacido en 1847 en Ohio, Estados Unidos, Thomas Edison es ampliamente reconocido por su perseverancia y determinación inquebrantable. Más allá de su famosa invención de la bombilla eléctrica, Edison patentó más de mil inventos a lo largo de su vida, dejando un legado que influyó en campos tan diversos como la comunicación y la medicina. Su famosa cita, "No he fallado. Simplemente he encontrado 10 000 formas que no funcionan", no solo nos inspira a persistir en la búsqueda del éxito, sino que también ilustra su enfoque infatigable hacia la innovación y la resolución de problemas.

Oprah Winfrey
Más que una historia de superación

La vida de Oprah Winfrey es un testimonio conmovedor de resiliencia y determinación. A pesar de haber nacido en una familia pobre en el estado de Misisipi en 1954 y de enfrentarse a desafíos que incluían la pobreza y el abuso sexual desde una edad temprana, Oprah se convirtió en una de las figuras más influyentes en el mundo del entretenimiento y los medios de comunicación. Su compromiso con el aprendizaje continuo y su dedicación al empoderamiento personal han inspirado a millones de personas en todo el mundo a perseguir sus sueños y a superar obstáculos aparentemente insuperables.

J.K. Rowling
La magia de la perseverancia

J.K. Rowling, autora de la exitosa serie de libros de Harry Potter, enfrentó tiempos difíciles como madre soltera antes de alcanzar el éxito literario. Después de enfrentar el rechazo inicial de numerosas editoriales, perseveró en su visión y finalmente encontró el éxito con su famosa serie de libros que cautivaron a lectores de todas las edades en todo el mundo. Su historia es un poderoso recordatorio de la importancia de persistir en la búsqueda de nuestros sueños, incluso cuando enfrentamos desafíos abrumadores.

Steve Jobs
El renacimiento después de la adversidad

Steve Jobs, cofundador de Apple Inc., experimentó el fracaso cuando fue despedido de su propia empresa. Sin embargo, en lugar de dejarse abatir por esta experiencia devastadora, utilizó su tiempo fuera de Apple como una oportunidad para reflexionar, reinventarse y embarcarse en nuevos proyectos. Su liderazgo visionario y su enfoque en la calidad y la excelencia transformaron tanto a Apple como a la industria tecnológica en su conjunto, dejando un legado perdurable que continúa inspirando a generaciones de emprendedores y creativos.

Stephen Hawking
La luz inextinguible de la perseverancia

A pesar de ser diagnosticado con esclerosis lateral amiotrófica (ELA) a una edad temprana, Stephen Hawking desafió las limitaciones físicas y continuó contribuyendo al campo de la física teórica. Su dedicación incansable a la exploración del universo y su capacidad para superar las dificultades lo convirtieron en un símbolo de perseverancia y determinación inquebrantables. A través de sus libros y conferencias, compartió su pasión por la ciencia y la exploración del cosmos con el mundo, inspirando a millones de personas a nunca renunciar a sus sueños y a perseverar en la búsqueda del conocimiento y la comprensión.

"En medio de la dificultad yace la oportunidad"
Albert Einstein

La vía abierta por el becerro

Un día, un becerro tuvo que atravesar un bosque virgen para volver al lugar en que pastaba. Siendo animal irracional, abrió un sendero tortuoso, lleno de curvas, subiendo y bajando colinas.

Al día siguiente, un perro que pasaba por allí usó ese mismo sendero para atravesar el bosque. Después fue el turno de un carnero, líder de un rebaño, que, viendo el espacio ya abierto, hizo a sus compañeros seguir por allí.

Más tarde, los hombres comenzaron a usar ese sendero: entraban y salían, giraban a la derecha, a la izquierda, descendían, se desviaban de obstáculos, quejándose y maldiciendo, con toda razón. Pero no hacían nada para crear una nueva alternativa.

Después de tanto uso, el sendero acabó convertido en un amplio camino donde los pobres animales se cansaban bajo pesadas cargas, obligados a recorrer en tres horas una distancia que podría haber sido vencida en treinta minutos, si no hubieran seguido la vía abierta por el becerro.

Pasaron muchos años y el camino se convirtió en la calle principal de un poblado y, posteriormente, en la avenida principal de una ciudad. Todos se quejaban del tránsito, porque el trayecto era el peor posible. Mientras tanto, el viejo y sabio bosque se reía, al ver que los hombres tienen la tendencia a seguir como ciegos el camino que ya está abierto, sin preguntarse nunca si aquélla es la mejor elección.

A menudo seguimos el camino trazado por otros o nos mantenemos en el mismo, sin cuestionar si es el mejor para nosotros. La comodidad de seguir lo establecido puede llevarnos a un destino indeseado. En lugar de conformarnos con lo que ya existe, deberíamos tener la valentía de explorar nuevas vías y crear nuestro propio camino hacia el éxito y la felicidad.

Reinvéntate en tu mejor yo: el poder de los hábitos

El éxito en la vida no surge de acciones esporádicas, sino de hábitos diarios que moldean nuestra existencia de formas sorprendentes. Estos hábitos constituyen herramientas poderosas que pueden transformar nuestras vidas, Por tanto, cultivar hábitos positivos y constructivos es una inversión invaluable en nuestro bienestar y éxito a largo plazo.

Las crisis, aunque difíciles y desafiantes, pueden desencadenar una profunda transformación tanto a nivel personal, profesional como existencial. Las situaciones difíciles y desafiantes pueden convertirse en oportunidades para reinventarnos y alcanzar nuestro mejor yo:

"Cuando ya no somos capaces de cambiar una situación, nos encontramos ante el desafío de cambiarnos a nosotros mismos"
Viktor Frankl

Creación de un hábito

Cada hábito comienza como una elección consciente y se arraiga en nuestra vida mediante la práctica regular. Comprender esta dinámica es esencial para aquellos que buscan cambiar sus vidas a través de la modificación de hábitos

"Somos lo que hacemos repetidamente. La excelencia, entonces, no es un acto, sino un hábito"
Aristóteles

Cuando la vida nos enfrenta a terrenos difíciles, la creación de hábitos positivos y el abandono de los negativos nos brindan una estructura que contrarresta el caos y el desbordamiento emocional. Establecer rutinas diarias y hábitos saludables puede servir como un ancla que nos ayuda a mantener el equilibrio cuando todo parece tambalearse. Desarrollar hábitos positivos no solo afecta nuestro bienestar emocional, sino que también impacta nuestra salud mental, productividad y calidad de vida en general.

Hábitos atómicos

James Clear, autor de *Atomic Habits*, ofrece una perspectiva innovadora sobre la formación de hábitos. Desglosa los componentes fundamentales de cómo se forman los hábitos y ofrece estrategias prácticas para implementar cambios duraderos. Aquí tienes algunas ideas clave junto con ejercicios prácticos y ejemplos:

1. **Ley del hábito compuesto.** Pequeños cambios acumulativos tienen un impacto significativo a largo plazo. Enfócate en pequeñas mejoras consistentes con el tiempo.
   - *Ejercicio práctico:* identifica un hábito que deseas adoptar o cambiar y desglosa las acciones en pasos manejables y pequeños.
2. **Importancia del entorno.** Nuestro entorno influye en la formación de hábitos. Configura tu entorno para fomentar los comportamientos deseados.
   - *Ejercicio práctico:* diseña tu entorno para facilitar la acción que deseas convertir en hábito.
3. **Regla de los dos minutos.** Cualquier hábito puede comenzar si lo haces durante solo dos minutos. Reduce la barrera de entrada para iniciar un hábito.
   - *Ejercicio práctico:* comienza con una versión tan pequeña del hábito que solo te lleve dos minutos completarla.
4. **Repetición y consistencia.** La clave para arraigar un hábito es la repetición constante. La consistencia es esencial para mantener el impulso.
   - *Ejercicio práctico:* establece un horario específico para practicar tu nuevo hábito todos los días y comprométete a seguirlo.
5. **Poder de la identidad.** Cambiar nuestros hábitos implica cambiar quiénes somos. Adoptar una identidad alineada con nuestros objetivos de hábitos puede ser un poderoso impulsor para el cambio.
   - *Ejercicio práctico:* visualiza a la persona que deseas convertirte al adoptar el nuevo hábito y refuerza esta identidad a través de afirmaciones y acciones coherentes.

99

"La magia de los hábitos es que moldean gradualmente tu destino sin que te des cuenta"

James Clear

Ejercicio inspirado en *El poder del hábito* de Charles Duhigg

Reflexiona sobre las siguientes preguntas:

1. ¿Cuáles son tus hábitos relacionados con la productividad diaria?
   - *Ejemplo práctico:* realiza un seguimiento de tus acciones diarias durante una semana. Identifica los hábitos que contribuyen positivamente a tu productividad y aquellos que pueden estar frenando tu rendimiento. Luego, selecciona un hábito positivo que deseas fortalecer y uno negativo que quieras cambiar. Establece pequeñas metas para modificar gradualmente estos comportamientos.
2. ¿Cómo influyen tus creencias sobre el cambio que necesitas realizar?
   - *Ejemplo práctico:* realiza una autoevaluación sobre tu actitud hacia el cambio. Haz una lista de tus creencias sobre tu capacidad para mejorar en áreas específicas. Después, desafía aquellas creencias limitantes que puedan estar frenando tu progreso. Formula afirmaciones positivas y realistas que refuercen tu confianza en tu capacidad para aprender y cambiar.
3. ¿Por qué sucumbes a la procrastinación ?
   - *Ejemplo práctico:* observa y anota momentos específicos en los que tiendes a procrastinar. Examina los

desencadenantes y las recompensas asociadas con este comportamiento. Luego, implementa la técnica del "hábito dorado" propuesta por Duhigg, identificando una rutina alternativa para reemplazar la procrastinación y estableciendo una recompensa positiva para fortalecer el nuevo hábito.

"Recuerda, tus hábitos determinarán tu futuro"
Jack Canfield

Autodisciplina y gratificación diferida

Son dos habilidades cruciales para alcanzar el éxito y superar los momentos difíciles en la vida.

Según el libro *El poder de la autodisciplina* de Javier Iriondo, la autodisciplina se define como la capacidad de controlar impulsos, mantener el enfoque en objetivos y persistir a pesar de los obstáculos. Por otro lado, la gratificación diferida implica postergar las recompensas inmediatas en favor de beneficios futuros. Ambas habilidades son fundamentales cuando se atraviesan crisis profundas, ya que permiten mantener el rumbo hacia los objetivos a pesar de las dificultades.

La gratificación diferida requiere práctica y esfuerzo. Aprender a tolerar el malestar emocional y resistir la tentación de buscar gratificaciones instantáneas son aspectos clave para desarrollar esta habilidad.

Beneficios

Los beneficios de cultivar la autodisciplina y la gratificación diferida son numerosos y significativos. Además de construir disciplina y resistencia, estas habilidades contribuyen al bienestar mental y emocional, mejoran la productividad, impactan positivamente en la salud física, fomentan el desarrollo personal continuo y fortalecen las relaciones personales. En última instancia, ayudan a desarrollar resiliencia ante la adversidad, permitiendo afrontar los desafíos con una actitud optimista y perseverante.

El poder de la perseverancia

Es la cualidad que permite que logremos las metas a pesar de los obstáculos, retos y dificultades que se nos presenten. Es un valor fundamental para todos los que quieren lograr algo. La perseverancia implica esfuerzo y determinación para no darte por vencido.

En el viaje hacia el éxito, la perseverancia emerge como una fuerza motriz que impulsa nuestros esfuerzos y nos lleva más allá de los obstáculos que encontramos en el camino. Es el hábito de seguir adelante incluso cuando las circunstancias se vuelven difíciles, cuando el cansancio amenaza con vencernos y cuando los fracasos parecen abrumadores. La perseverancia nos permite mantenernos firmes en nuestra búsqueda de metas, confiando en que cada paso nos acerca un poco más a la realización de nuestros sueños.

Una de las cualidades más poderosas de la perseverancia es su capacidad para transformar los desafíos en oportunidades de crecimiento. La perseverancia también nos ayuda a mantener el enfoque en nuestros objetivos a largo plazo, incluso cuando los resultados inmediatos pueden parecer decepcionantes. Nos recuerda que el éxito no siempre llega de inmediato y que el camino hacia nuestras metas puede estar lleno de altibajos

Además, la perseverancia nos enseña la importancia de la consistencia y el compromiso. Nos capacita para superar los desafíos, nos impulsa a seguir adelante incluso cuando las probabilidades están en contra nuestra y nos enseña la importancia de mantenernos firmes en nuestros objetivos.

"El poder de la constancia es el hábito"
John C. Maxwell

.... ೭ೂ ....

Un violinista llamado Paganini

Algunos decían que era muy raro. Otros, que era sobrenatural. Las notas mágicas que salían de su violín tenían un sonido diferente, por eso nadie quería perder la oportunidad de ver su espectáculo.

Una noche, el escenario de un auditorio repleto de admiradores estaba preparado para recibirlo. La orquesta entró y fue aplaudida. El director fue ovacionado. Pero cuando la figura de Paganini surgió, triunfante, el público deliró. Paganini colocó su violín en el hombro y lo que siguió es indescriptible. Blancas y negras, fusas y semifusas, corcheas y semicorcheas parecía tener alas y volar con el toque de aquellos dedos encantados.

De repente, un sonido extraño interrumpió el ensueño de la platea. Una de las cuerdas del violín de Paganini se rompió. El director paró. La orquesta paró. El público paró. Pero Paganini no. Mirando su partitura, el continuó extrayendo sonidos deliciosos de un violín con problemas.

El director y la orquesta, admirados, volvieron a tocar. El público se calmó.

De repente, otro sonido perturbador atrajo la atención de los asistentes.

Otra cuerda del violín de Paganini se rompió. El director paró de nuevo. La orquesta paró de nuevo. Paganini, no. Como si nada hubiera ocurrido, olvidó las dificultades y siguió arrancando sonidos imposibles. El director y la orquesta, impresionados, volvieron a tocar.

Pero el público no podía imaginar lo que iba a ocurrir a continuación. Todas las personas, asombradas, gritaron un, ¡oohh! que retumbó en toda la sala. Una tercera cuerda del violín de Paganini se rompió. El director paró. La orquesta paró. La respiración del público paró. Pero Paganini no.

Como si fuera un contorsionista musical, arrancó todos los sonidos posibles de la única cuerda que quedaba en el violín destruido. Ninguna nota fue olvidada.

El director, embelesado, se animó. La orquesta se motivó. El público pasó del silencio a la euforia, de la inercia al delirio. Paganini alcanzó la gloria.

Su nombre perdura a través del tiempo. Es el símbolo de aquel que continúa adelante, aun, ante lo imposible.

························· ❧ ·························

"La perseverancia no es solo la acción de estar parado y esperar; es la capacidad de mantenerse corriendo cuando todo en ti quiere detenerte"
Napoleon Hill

Objetivos. El camino al logro

Redefiniendo metas

En medio de situaciones desafiantes, como crisis personales o momentos de incertidumbre, la importancia de establecer objetivos es fundamental. Nos proporciona un rumbo claro, nos mantiene enfocados y motivados, y nos brinda un sentido de propósito y esperanza en medio de la adversidad.

Este tema ha sido abordado por destacados autores, entre ellos Rafael Santandreu en su obra *Las gafas de la felicidad*, y Elsa Punset en *Una mochila para el universo*.

Según Santandreu, durante tiempos caóticos, fijar metas concretas y realistas puede ser un salvavidas emocional. Al tener objetivos claros, nuestra mente se enfoca en encontrar soluciones en lugar de sumergirse en la desesperación.

Este cambio de enfoque nos ayuda no solo a mantenernos activos y motivados, sino también a encontrar un propósito en medio de la confusión.

Por otro lado, Punset resalta la importancia de que nuestros objetivos estén alineados con nuestros valores y deseos más profundos. Establecer metas significativas nos motiva a perseverar a pesar de los obstáculos, ya que están conectadas con aquello que realmente nos importa. Cuando nuestros objetivos tienen un significado personal, estamos más dispuestos a comprometernos con ellos y a superar los desafíos que puedan surgir

Ambos autores coinciden en que establecer objetivos durante momentos difíciles no solo nos ayuda a superar la situación presente, sino que también nos prepara para un futuro más prometedor. Al visualizar un horizonte de posibilidades y trabajar en su consecución, fortalecemos nuestra resiliencia y capacidad para enfrentar los desafíos futuros.

Objetivos SMART

1. **Específicos (S):** define claramente el objetivo y sé específico sobre lo que quieres lograr.
2. **Medibles (M):** establece indicadores para medir el progreso hacia tu objetivo.
3. **Alcanzables (A):** evalúa si el objetivo es realista y alcanzable con los recursos disponibles.
4. **Relevantes (R):** asegúrate de que el objetivo esté alineado con tus valores y metas generales.

5. **Temporales (T):** establece un plazo para lograr el objetivo y sé claro sobre cuándo deseas alcanzarlo.

"Para que pueda surgir lo posible, es preciso intentar una y otra vez lo imposible"
Hermann Hesse

Vision board. La fuerza de la visualización y la creatividad

Un *vision board* es una herramienta poderosa para visualizar y alcanzar nuestros objetivos y metas. Al crear un tablero donde colocamos imágenes, palabras y representaciones visuales de nuestros sueños y aspiraciones, estamos estableciendo una conexión directa con nuestras metas. Este proceso de visualización nos ayuda a mantenernos enfocados en lo que realmente queremos lograr, motivándonos a tomar acciones concretas para alcanzar nuestros sueños. Al mirar nuestro *vision board* regularmente, recordamos nuestras metas y nos comprometemos con su consecución. Además, el acto de crear el tablero en sí mismo puede ser inspirador y nos ayuda a clarificar nuestras metas.

Aquí tienes los pasos a seguir para crear una *visión board:*

1. **Define tus metas y objetivos.** Antes de comenzar, reflexiona sobre tus metas a corto y largo plazo en áreas como trabajo, negocios, relaciones, salud o crecimiento personal, por ejemplo. Sé específico sobre lo que deseas lograr.

2. **Reúne materiales.** Consigue un tablero grande de corcho, cartulina o incluso puedes crear un *vision board* digital. Necesitarás revistas, tijeras, pegamento, marcadores, fotos y cualquier otro material que te inspire.

3. **Encuentra imágenes y palabras clave.** Explora revistas, sitios web o incluso imprime imágenes que representen tus metas y aspiraciones. Busca palabras clave que resuman lo que deseas lograr.

4. **Organiza y pega.** Organiza las imágenes y palabras en tu *vision board* de una manera que tenga sentido para ti. Pega todo de manera creativa y asegúrate de que cada elemento tenga un significado personal.

5. **Incluye tus metas en diferentes áreas de tu vida.** Divide el *vision board* en secciones que representen diferentes áreas de tu vida, como trabajo, relaciones, salud, *hobbies,* etc. Esto te ayudará a mantener un enfoque equilibrado.

6. **Añade elementos personales.** Incluir elementos personales como fotos tuyas, cartas, citas inspiradoras o cualquier cosa que tenga un significado especial para ti.

7. **Coloca tu *vision board* en un lugar visible.** Coloca tu *vision board* en un lugar donde puedas verlo con regularidad, como en tu escritorio, la pared frente a tu cama o en el espejo. Esto refuerza constantemente tus objetivos.

8. **Visualiza y siembra Intenciones.** Dedica tiempo cada día a observar tu *vision board.* Visualiza cómo te sentirías al alcanzar esas metas. Siembra intenciones positivas en tu mente cada vez que lo revises.

Utilidades del *vision board:* claridad y enfoque

El *vision board* te ayuda a aclarar tus metas y enfocarte en lo que realmente deseas lograr.

- **Motivación diaria.** Al ver visualmente tus metas todos los días, te motiva a dar pasos consistentes hacia su logro.
- **Ley de la atracción.** Al visualizar tus metas de manera positiva, activas la ley de la atracción, atrayendo experiencias y oportunidades alineadas con tus objetivos.
- **Recordatorio constante.** Funciona como un recordatorio constante de tus sueños y aspiraciones, manteniéndolos presentes en tu mente.
- **Creatividad y empoderamiento.** La creación del *vision board* es un proceso creativo que te empodera al ser el diseñador de tu propio futuro.

Recuerda que tu *vision board* es dinámico y puede evolucionar a medida que cambian tus metas y prioridades. Es una herramienta personalizada que refleja tus sueños y te ayuda a mantenerte enfocado en el camino hacia su realización.

Bullet journal. Organización y creatividad

Un sistema de organización, como el *bullet journal,* es una herramienta poderosa para alcanzar nuestros objetivos y metas. Este método nos permite estructurar nuestras tareas diarias, priorizar actividades y mantenernos enfocados en lo que realmente importa. Al tener un lugar centralizado para registrar nuestras metas, podemos planificar estratégicamente cómo alcanzarlas paso a paso. Además, el proceso de anotar nuestras metas nos ayuda a visualizarlas con claridad, lo que aumenta nuestra motivación y compromiso para lograrlas. En resumen, utilizar un sistema de organización nos brinda la estructura y el enfoque necesarios para alcanzar el éxito en todas las áreas de nuestra vida.

Detrás de este popular sistema se encuentra Ryder Carroll, un diseñador que necesitaba ordenar su vida debido al trastorno por déficit de atención que sufría desde niño. Este método se popularizó y en la actualidad, se ha convertido en una tendencia mundial.

Cómo funciona un *bullet journal:*

1. **Índice y estructura.** Comienza por crear un índice en las primeras páginas del cuaderno, donde registrarás el contenido y las páginas específicas de tus secciones. Numera las páginas para crear un índice con los temas sobre los que escribes y así localizarlos rápidamente. Pueden ser eventos, fechas importantes o listas de cosas por hacer, entre otros.
2. **Divide tu *bullet* en secciones clave.**
   - *Futuro log*
   - *Monthly log*
   - *Weekly log*
   - *Daily log*

3. *Futuro log.* Anota eventos y metas futuras a lo largo del año, proporcionando una vista general para una planificación a largo plazo.

4. *Monthly log.* Cada mes, crea una página para planificar y resumir eventos y tareas importantes. Puedes utilizar un formato de calendario o lista, según tus preferencias.

5. *Weekly log.* Planifica cada semana con tareas y eventos específicos. Esto proporciona una visión más detallada y te ayuda a distribuir tus responsabilidades a lo largo del mes.

6. *Daily log.* Registra tareas diarias, eventos y notas importantes en el día que ocurren.

7. **Símbolos y viñetas.** Utiliza un sistema de símbolos simple, como un punto para tareas, un círculo para eventos y un guion para notas. Esto facilita la identificación rápida del tipo de entrada.

8. **Migración de tareas.** Revisa tu *bullet journal* regularmente y migra las tareas incompletas a días o semanas posteriores. Esto asegura que nada se pierda y que las tareas importantes no se pasen por alto.

9. **Colecciones.** Dedica páginas a colecciones temáticas, como listas de libros por leer, metas anuales, o cualquier otra categoría que desees. Esto agrega un aspecto personalizado y reflexivo a tu *bullet journal.*

10. **Creatividad y personalización.** Añade toques creativos a tu *bullet journal.* Utiliza colores, dibujos y diseños para hacerlo más atractivo y adaptado a tu estilo.

11. **Revisión regular.** Establece momentos regulares para revisar y ajustar tu *bullet journal.* Esto te permite evaluar tu progreso, realizar cambios según sea necesario y mantener un enfoque claro en tus metas.

Símbolos:

- Punto: tareas.
- Círculo: actividades.
- Guion: notas.
- Finalizado: cada vez que finalices una tarea o actividad (o que ya no la consideres relevante), añadirás una "X" en lugar del punto.
- Importante: cuando tengas que anotar una actividad muy importante, es una buena idea agregar un asterisco para darle más relevancia.
- Personalizar: cada persona puede optar por elegir los símbolos que prefiera para dar sentido a su *bullet journal* añadiendo formas y colores diferentes que le permitan entender de un vistazo sus anotaciones.

📌 Lista de lo que necesitas para comenzar tu *bullet journal:*

- Libreta en blanco
- Bolígrafos de calidad
- Colores y resaltadores
- Regla
- Símbolos personalizados
- Tiempo y paciencia
- Creatividad

Otros métodos de organización: La clave está en la consistencia y la adaptación. Prueba diferentes sistemas y ajusta según tu experiencia y necesidades personales.

1. Método GTD (*Getting Things Done*):
   - Capturar, clarificar, organizar, reflexionar y comprometerse.
   - Libera la mente de recordar tareas, mejorando la claridad mental.

2. Método Eisenhower:
   - Cuadrantes para tareas según urgencia e importancia.
   - Priorización eficaz para gestionar el tiempo.

3. Método 1-3-5:
   - Enfoque diario en 1 tarea grande, 3 medianas y 5 pequeñas.
   - Priorización para completar tareas importantes.

4. Método Ivy Lee:
   - Lista de 6 tareas importantes diarias.
   - Priorización, enfoque secuencial y ajustes diarios.

5. Método Pomodoro:
   - Utiliza un temporizador para trabajar intensamente durante 25 minutos en una tarea específica. Luego, tómate 5 minutos de descanso antes de comenzar el siguiente ciclo.

6. Calendario y recordatorios digitales:
   - Programa todas tus citas, reuniones y fechas límite en un calendario digital. Configura recordatorios para asegurarte de no pasar por alto ninguna tarea importante.

7. Sistema de hábitos diarios:
   - Identifica un hábito que te gustaría incorporar en tu rutina diaria. Crea un plan diario que incluya tiempo dedicado a ese hábito.

Tercera parte
Abrir la puerta a nuevos horizontes personales y profesionales

Entre los sueños y la realidad hay un plan de acción

Establecer objetivos es un paso emocionante, pero la verdadera magia radica en la ejecución efectiva de ellos. La verdadera clave para alcanzar esos objetivos radica en la elaboración y ejecución de un plan de acción efectivo que nos guíe hacia su consecución. Un plan bien diseñado nos proporciona dirección, enfoque y control sobre nuestra situación, permitiéndonos superar obstáculos y alcanzar nuestras metas incluso en las circunstancias más adversas.

Planifica, actúa, logra

Los sueños son la chispa que enciende nuestra imaginación y nos impulsa hacia metas ambiciosas. Sin embargo, es el plan de acción el que transforma esos sueños en logros tangibles. Es la brújula que nos guía a través del camino, desglosando grandes aspiraciones en pasos concretos y alcanzables. El plan de acción nos proporciona dirección, nos mantiene enfocados y nos impulsa a avanzar hacia nuestras metas, superando obstáculos y adaptándonos a los desafíos del camino.

Un plan de acción bien diseñado nos proporciona una hoja de ruta clara y nos ayuda a mantener el enfoque en medio de la adversidad. Nos permite descomponer grandes objetivos en tareas más pequeñas y manejables, lo que hace que el proceso parezca menos abrumador y más alcanzable.

Además, un plan de acción nos brinda un sentido de control sobre nuestra situación, ya que nos permite tomar decisiones informadas sobre cómo avanzar hacia nuestros objetivos. Nos empodera al darnos la capacidad de establecer prioridades y asignar recursos de manera efectiva para maximizar nuestras posibilidades de éxito.

Por otro lado, la ejecución de un plan de acción también requiere flexibilidad y adaptabilidad. Es importante reconocer que pueden surgir obstáculos inesperados en el camino y estar preparados para ajustar nuestro enfoque según sea necesario. La capacidad de adaptación nos permite superar contratiempos y seguir avanzando hacia nuestras metas a pesar de los desafíos que podamos enfrentar.

Un plan de acción bien elaborado incluye:

- Desglose de objetivos
- Asignación de recursos
- Establecimiento de plazos

Creación de un plan de acción inspirado en *Planifica tu éxito* de David Valois para lograr objetivos personales y profesionales:

Paso 1. Establecimiento de objetivos claros
- Especificidad: define objetivos con claridad y precisión.
- Priorización: enumera tus metas según su importancia.

Paso 2. Desglose de objetivos
- División en tareas: divide cada objetivo en tareas manejables.
- Establecimiento de plazos: asigna fechas límite a cada tarea.

Paso 3. Identificación de recursos
- Recursos necesarios: enumera los recursos requeridos para alcanzar tus metas.
- Acceso a recursos: investiga y asegura el acceso a los recursos necesarios.

Paso 4. Creación de un calendario
- Planificación temporal: organiza tus tareas en un calendario realista.
- Asignación de tiempo: establece bloques de tiempo específicos para cada tarea.

Paso 5. Evaluación de obstáculos
- Identificación de obstáculos: anticipa posibles desafíos y obstáculos.
- Plan de contingencia: diseña estrategias para superar los obstáculos.

Paso 6. Medición y evaluación
- Indicadores de progreso: establece indicadores para medir tu avance.
- Revisiones periódicas: programa revisiones regulares para evaluar tu rendimiento.

📌 **Ejercicio práctico:**

1. Mapa de objetivos: crea un mapa visual que represente tus objetivos principales y sus interconexiones.

2. Matriz de urgencia e importancia: prioriza tus tareas utilizando la matriz de Covey.

Planificar, actuar y lograr son los pilares fundamentales para alcanzar cualquier objetivo que te propongas. Con determinación, perseverancia y un enfoque metódico, estarás en el camino hacia el éxito y la realización personal. ¡No hay límites para lo que puedes lograr cuando te comprometes plenamente con tus sueños!

.... ❧ ....

Las tres ranas o el valor de no dejarse vencer

Había una vez dos ranas que cayeron en un recipiente de nata. Inmediatamente se dieron cuenta de que se hundían: era imposible nadar o flotar demasiado tiempo en esa masa espesa como arenas movedizas. Al principio, las dos ranas patalearon en la nata para llegar al borde del recipiente. Pero era inútil; sólo conseguían chapotear en el mismo lugar y hundirse.

Sentían que cada vez era más difícil salir a la superficie y respirar.

Una de ellas dijo en voz alta:

— No puedo más. Es imposible salir de aquí. En esta materia no se puede nadar. Ya que voy a morir, no veo por qué prolongar este sufrimiento. No entiendo qué sentido tiene morir agotada por un esfuerzo estéril.

Dicho esto, dejó de patalear y se hundió con rapidez, siendo literalmente tragada por el espeso líquido blanco.

La otra rana, más persistente o quizás más tozuda se dijo:

—¡No hay manera! Nada se puede hacer para avanzar en esta cosa. Sin embargo, aunque se acerque la muerte, prefiero luchar hasta mí último aliento. No quiero morir ni un segundo antes de que llegue mi hora.

Siguió pataleando y chapoteando siempre en el mismo lugar, sin avanzar ni un centímetro, durante horas y horas. Y de pronto, de tanto patalear y batir las ancas, agitar y patalear, la nata se convirtió en mantequilla.

Sorprendida, la rana dio un salto y, patinando, llegó hasta el borde del recipiente. Desde allí, pudo regresar a casa croando alegremente.

Este cuento nos advierte de que tirar la toalla, sucumbir ante las circunstancias, es tanto como darse por vencido y hundirse.

118

Despertando la determinación. Cómo superar la parálisis y actuar

En ocasiones, nos quedamos inmóviles ante la incertidumbre, el miedo al cambio o la duda sobre nuestro verdadero potencial. Sin embargo, la clave para desbloquear nuevas oportunidades reside en la acción. Dar el primer paso, incluso en medio de la incertidumbre, nos permite romper las cadenas del estancamiento y explorar un mundo de posibilidades. Actuar no implica necesariamente dar grandes saltos, sino comprometernos con pequeños movimientos fuera de nuestra zona de confort. Cada paso que nos atrevemos a dar puede abrir la puerta a nuevas experiencias, aprendizajes y oportunidades. Paso a paso, avanzamos hacia nuestros objetivos. El movimiento es indispensable, no esperes la perfección, comienza y se perfeccionará con el tiempo. Recuerda: "mejor hecho que perfecto".

.... ❧ ....

El helecho y el bambú

Un día decidí darme por vencido… renuncié a mi trabajo, a mi relación, a mi vida. Fui al bosque para hablar con un anciano que decían era muy sabio.

—¿Podría darme una buena razón para no darme por vencido? —le pregunté.

—Mira a tu alrededor —me respondió—, ¿ves el helecho y el bambú?

—Sí —respondí, mirando el tallo del bambú, alto, fuerte y robusto, junto a los helechos que se extendían a sus pies.

—Cuando sembré las semillas del helecho y el bambú, las cuidé muy bien. El helecho creció rápidamente. Su verde brillante cubría el suelo. Pero nada salió de la semilla de bambú. Sin embargo, no renuncié al bambú. En el segundo año, el helecho creció más brillante y abundante. Y, nuevamente, nada creció de la semilla de bambú. Pero no renuncié al bambú. En el tercer año, aún nada brotó de la semilla de bambú. Pero no renuncié al bambú. En el cuarto año, siguió sin salir nada de la semilla de bambú. Pero no renuncié al bambú. En el quinto año, un pequeño brote de bambú se asomó en la tierra. En comparación con el frondoso helecho, era aparentemente muy pequeño e insignificante. El sexto año, el bambú creció más de 20 metros de altura. Se había pasado cinco años echando raíces que lo sostuvieran. Aquellas raíces lo hicieron fuerte y le dieron lo que necesitaba para sobrevivir.

Asentí con asombro.

—¿Sabías que todo este tiempo que has estado luchando, sin que aparentemente pasara nada, realmente has estado echando raíces? —le dijo el anciano y continuó—. No te compares con otros. El bambú tiene un propósito diferente al del helecho; sin embargo, ambos son necesarios y hacen del bosque un lugar hermoso… Tu tiempo llegará y ¡crecerás muy alto!

—¿Cómo de alto? —quise saber.

—¿Y cómo de alto será el bambú? —me interrogó como respuesta, continuando con su habitual práctica.

—¿Tan alto como pueda…? —indagué.

—Nunca te arrepientas de un día en tu vida. Si no consigues lo que anhelas, no desesperes. Quizá sólo estés echando raíces…

.... 🐛 ....

Este cuento nos invita a mantenernos firmes en nuestra determinación y a seguir trabajando hacia nuestros objetivos, incluso cuando no vemos resultados inmediatos. Es crucial tener paciencia y confiar en el proceso de crecimiento, tal como el bambú que tardó años en mostrar su verdadero potencial. en lugar de desanimarnos cuando enfrentamos obstáculos o experimentamos retrasos, debemos recordar que cada paso que damos nos acerca un poco más a nuestro objetivo. Al igual que el bambú, estamos echando raíces que nos ayudarán a crecer fuertes y alcanzar nuestras metas con éxito en el momento adecuado

"La acción no siempre trae la felicidad, pero no hay felicidad sin acción"
William James

Cómo superar un bloqueo en una crisis:

1. Reconoce y acepta tus emociones y la situación sin juzgarte.
2. Identifica el obstáculo específico que te impide avanzar.
3. Reflexiona sobre tus fortalezas y logros pasados para fortalecer tu confianza.

4. Establece metas pequeñas y alcanzables para reducir la sensación de abrumo.
5. Crea un plan de acción paso a paso para abordar cada meta pequeña.
6. Busca apoyo en amigos, familiares o profesionales para encontrar soluciones.
7. Reflexiona sobre tus valores y objetivos para realinear tu vida con lo que realmente importa.
8. Practica la gratitud y el reconocimiento de tus logros para cultivar una mentalidad optimista.

Ejemplo práctico:

Imagina que te encuentras en medio de una crisis financiera debido a la pérdida de tu empleo. Para superar este bloqueo, podrías seguir estos pasos:

- Reconocer y aceptar tus emociones de preocupación y ansiedad.
- Identificar el obstáculo principal, como la falta de ingresos.
- Reflexionar sobre tus habilidades y experiencias laborales pasadas que podrían ayudarte a encontrar un nuevo trabajo.
- Establecer metas pequeñas, como enviar un cierto número de currículums por semana.
- Crear un plan de acción detallado, incluyendo la actualización del currículum, la búsqueda en línea de empleo y la preparación para entrevistas.
- Buscar apoyo emocional y posibles conexiones profesionales en tu red de contactos.

- Reflexionar sobre tus valores y objetivos profesionales para determinar si es necesario hacer cambios en tu carrera.
- Mantener un diario de gratitud, reconociendo tus habilidades y logros profesionales, incluso en tiempos difíciles.

"La clave para el cambio es dejar de hablar sobre tu problema y comenzar a pensar en tu solución"
Tony Robbins

.... ❧ ....

El águila y la gallina

Era una vez un campesino que fue al bosque cercano a atrapar algún pájaro con el fin de tenerlo cautivo en su casa. Consiguió atrapar un aguilucho. Lo colocó en el gallinero junto a las gallinas. Creció como una gallina.

Después de cinco años, ese hombre recibió en su casa la visita de un naturalista. Al pasar por el jardín, dice el naturalista:

—Ese pájaro que está ahí, no es una gallina. Es un águila.

—De hecho —dijo el hombre— es un águila. Pero yo la crie como gallina. Ya no es un águila. Es una gallina como las otras.

—No —respondió el naturalista—, ella es y será siempre un águila. Pues tiene el corazón de un águila. Este corazón la hará un día volar a las alturas.

—No —insistió el campesino—, ya se volvió gallina y jamás volará como águila.

Entonces, decidieron, hacer una prueba. El naturalista tomó al águila, la elevó muy alto y, desafiándola, dijo:

—Ya que de hecho eres un águila, ya que tú perteneces al cielo y no a la tierra, entonces, abre tus alas y vuela!

El águila se quedó, fija sobre el brazo extendido del naturalista. Miraba distraídamente a su alrededor. Vio a las gallinas allá abajo, comiendo granos. Y saltó junto a ellas.

El campesino comentó:

—Yo lo dije, ella se transformó en una simple gallina.

—No —insistió de nuevo el naturalista—, es un águila. Y un águila, siempre será un águila. Vamos a experimentar nuevamente mañana.

Al día siguiente, el naturalista subió con el águila al techo de la casa. Le susurró:

—¡Águila, ya que tú eres un águila, abre tus alas y vuela!.

Pero cuando el águila vio allá abajo a las gallinas picoteando el suelo, saltó y fue a parar junto a ellas.

El campesino sonrió y volvió a la carga:

—Ya le había dicho, se volvió gallina.

—No —respondió firmemente el naturalista—, es águila y poseerá siempre un corazón de águila. Vamos a experimentar por última vez. Mañana la haré volar.

Al día siguiente, el naturalista y el campesino se levantaron muy temprano. Tomaron el águila, la llevaron hasta lo alto de una montaña. El sol estaba saliendo y doraba los picos de las montañas.

El naturalista levantó el águila hacia lo alto y le ordenó:

—Águila, ya que tú eres un águila, ya que tu perteneces al cielo y no a la tierra, abre tus alas y vuela.

El águila miró alrededor. Temblaba, como si experimentara su nueva vida, pero no voló. Entonces, el naturalista la agarró firmemente en dirección al sol, de suerte que sus ojos se pudiesen llenar de luz y conseguir las dimensiones del vasto horizonte.

Fue cuando ella abrió sus potentes alas. Se irguió soberana sobre sí misma. Y comenzó a volar a volar hacia lo alto y a volar cada vez más a las alturas. Voló. Y nunca más volvió.

.... ❧ ....

Esta fábula nos recuerda que todos llevamos un águila adentro, pero muchos tememos dejar que ella vuele por lo cual esa águila en muchas personas muere creyéndose gallina... No permitas que tu águila siga con su potencial escondido, dale ese empujón que necesita para expandir sus alas en las cimas del éxito.

Bloques emocionales

Rafael Santandreu, en *El arte de no amargarse la vida*, comparte estrategias prácticas para cultivar una mentalidad positiva y superar los bloqueos emocionales, proporcionando herramientas para vivir con plenitud.

Aquí tienes ideas prácticas para salir de un bloqueo en la vida inspiradas en las enseñanzas de Rafael Santandreu.

1. Cambio de perspectiva
- Ejercicio de reencuadre: identifica pensamientos negativos y trabaja en cambiarlos por perspectivas más positivas y realistas.
- Visualización de éxito: imagina situaciones en las que superas obstáculos con éxito para fortalecer la creencia en tu capacidad.

2. Afrontamiento de miedos
- Lista de miedos: haz una lista de tus miedos y enfrenta gradualmente cada uno, comenzando por los menos intimidantes.
- Desensibilización sistemática: exponerte progresivamente a situaciones temidas para reducir la ansiedad.

3. Establecimiento de metas positivas
- Objetivos realistas: define metas alcanzables y divide grandes objetivos en tareas más pequeñas.
- Planificación estratégica: crea un plan detallado con pasos concretos para alcanzar tus metas.

4. Gestión emocional
- Diario de emociones: registra diariamente tus emociones, identificando patrones y buscando patrones negativos.
- *Mindfulness* y respiración: practica técnicas de *mindfulness* y respiración para reducir el estrés y estar presente.

5. Fomento de relaciones positivas
- Red de apoyo: busca el apoyo de amigos, familiares o profesionales para compartir tus inquietudes y recibir orientación.
- Socialización gradual: aumenta gradualmente la participación en actividades sociales para mejorar tu red de apoyo.

✦ **Ejercicio práctico.** Reto de la semana: establece un pequeño desafío semanal que te saque de tu zona de confort y te acerque a tus metas.

✦ **Ejemplo práctico.** Si te sientes bloqueado en tu carrera, establece una meta realista para mejorar una habilidad, como inscribirte en un curso, y planifica paso a paso cómo alcanzarla.

"Si piensas que puedes, acertarás. Si piensas que no puedes, también acertarás"
Henry Ford

Los dos halcones o la razón que te impide volar

Un rey recibió como obsequio dos pequeños halcones y los entregó a uno de sus hombres para que los cuidara. A la mañana siguiente el rey salió a su balcón y miró al cielo y solo vio a un halcón que volaba y llamó al cuidador para preguntarle qué sucedía con el otro, a lo cual el cuidador respondió:

127

—La verdad no se lo que le pasa a ese halcón, esta sobre una rama y no quiere volar.

El rey mandó llamar a varios curanderos y sanadores, pero nadie lograba hacer volar a aquel pequeño animal.

A la mañana siguiente, vio al halcón volando ágilmente por los jardines.

—¿Cómo lo han conseguido? Traedme al autor de ese milagro, dijo el rey.

Enseguida le presentaron a un sencillo campesino.

—¿Tú hiciste volar al halcón? ¿Cómo lo lograste? ¿Eres mago, acaso? —preguntó el rey al campesino.

Aquel hombre contestó:

—Alteza, lo único que hice fue cortar la rama sobre la que reposaba. El pájaro no tuvo más remedio que empezar a emplear sus alas y echar a volar.

En ocasiones cruciales de la vida necesitamos tomar decisiones drásticas para liberarnos de situaciones que nos hacen infelices y nos impiden avanzar. Como el halcón que se negaba a volar, a veces necesitamos que se corte la rama sobre la que nos apoyamos para poder desplegar nuestras alas y encontrar nuevas oportunidades.

"La acción es la clave fundamental para todo éxito"
Pablo Picasso

128

La trampa del perfeccionismo

El perfeccionismo, en muchas ocasiones, puede manifestarse como un obstáculo que nos impide tomar acción y avanzar hacia nuestros objetivos. La constante búsqueda de la perfección nos hace temer cometer errores y nos lleva a posponer nuestras acciones en busca de la situación ideal, lo que a menudo resulta en continuos retrasos y falta de progreso.

Hace unos años, el doctor Sidney Blatt, psiquiatra de la Universidad de Yale en Estados Unidos, publicó un artículo titulado "La Destructividad del perfeccionismo". En él, relata el caso de Vicente Foster, un reputado abogado y asesor del presidente Bill Clinton hasta su fallecimiento en 1993. La historia del señor Foster es la de un individuo considerado una figura estelar, quien destacó siempre en sus emprendimientos. Graduado con honores en la carrera de derecho en la Universidad de Arkansas, trabajó luego en el prestigioso despacho Rose Law Firm en Little Rock. Foster era reconocido por su inteligencia, competencia y lealtad, siendo un trabajador incansable y sumamente responsable. Aparentemente, disfrutaba de un matrimonio estable y parecía tenerlo todo. Sin embargo, Foster era una persona propensa a la autocrítica constante y con una gran necesidad de perfección. Se sentía angustiado ante cualquier error, especialmente en aquellos asuntos donde la lealtad estaba en juego. Los errores en su rol como asesor del presidente Clinton, expuestos por *The Wall Street Journal,* cuestionaron su integridad profesional tanto en la política como en su despacho de abogados en

Little Rock. Este escrutinio público sumió a Foster en una profunda depresión, exacerbada por su autocritica desmedida. Así, su ansia de perfeccionismo y su fracaso público se volvieron irreconciliables en su persona. Al sentirse desdichado en Washington y sin desear regresar a su despacho en Little Rock, Foster decidió quitarse la vida el 20 de julio de 1993, utilizando el revólver que heredó de su difunto padre.

Este trágico relato ilustra el síndrome del perfeccionista, donde la búsqueda constante de la perfección puede llevar a consecuencias devastadoras.

Otra mirada, otros horizontes

Después de enfrentar un desafío personal o profesional, a menudo nos encontramos mirando el mundo con nuevos ojos. Las experiencias difíciles nos enseñan lecciones profundas y nos brindan la oportunidad de reevaluar nuestros objetivos y prioridades. En este proceso de transformación, es crucial abrirnos a otras miradas y explorar horizontes que antes podrían haber estado fuera de nuestro alcance.

Mirar más allá de nuestros límites previamente establecidos nos permite descubrir nuevas posibilidades y oportunidades que pueden enriquecer nuestro camino hacia el logro de objetivos. Cuando nos permitimos considerar perspectivas alternativas, ampliamos nuestra visión y nos abrimos a un mundo de potencialidades que antes no habíamos imaginado.

Una de las claves para explorar nuevos horizontes después de un desafío es mantener la mente abierta y receptiva al cambio. Reconocer que nuestras experiencias pasadas no definen nuestro futuro nos libera para buscar nuevas direcciones y abrazar nuevas oportunidades con valentía y determinación. Además, es importante rodearnos de personas que nos inspiren y nos desafíen a crecer más allá de nuestras limitaciones autoimpuestas. Al conectarnos con individuos que tienen diferentes perspectivas y experiencias, ampliamos nuestro propio horizonte mental y nos beneficiamos de la sabiduría colectiva que compartimos. La exploración de nuevos horizontes también implica la disposición para asumir riesgos calculados y salir de nuestra zona de confort. Al enfrentarnos a lo desconocido con coraje y resolución, expandimos nuestros límites y nos acercamos un paso más hacia la realización de nuestros objetivos más ambiciosos. Abrirnos a otras miradas y explorar nuevos horizontes, nos permite encontrar un sentido renovado de propósito y dirección en nuestras vidas.

Tómatelo con filosofía

La filosofía estoica, con sus lecciones atemporales, nos ofrece un faro en medio de la tormenta, guiándonos hacia la calma y la serenidad incluso en los momentos más desafiantes. Las lecciones estoicas, arraigadas en la idea de aceptar lo incontrolable y concentrarse en lo que podemos cambiar, son una brújula para aquellos que buscan enfrentar las crisis con fortaleza y sabiduría. adoptar estos principios en nuestra filosofía de vida, no solo nos preparamos para los desafíos repentinos, sino que también construimos una base sólida para una existencia más equilibrada y serena en general.

Siete lecciones estoicas

1. Epicteto. *"La felicidad y la libertad comienzan con una clara comprensión de una regla: algunas cosas están bajo nuestro control y otras no".* Epíteto fue un filósofo estoico nacido en Frigia, en el año 55 d. C., y vivió la mayor parte de su vida en Roma como esclavo. A pesar de su condición, tuvo la fortuna de estudiar filosofía con Musonio Rufo, un reconocido filósofo estoico. Después de obtener su libertad, dedicó su vida a enseñar y escribir sobre la filosofía estoica.

Mensaje o consejo: Epicteto resalta la conexión entre felicidad y libertad al entender qué podemos controlar. El consejo es enfocarnos en lo manejable, liberándonos de preocupaciones innecesarias y viviendo en armonía. La aplicación de esta regla permite celebrar nuestras posibilidades y aceptar las limitaciones.

Ideas y herramientas para la aplicación práctica:

- **Práctica de *mindfulness*.** Integra la atención plena en la rutina diaria para mantenerte en el presente.
- **Diario de gratitud.** Anota diariamente tres cosas bajo tu control que agradeces, fomentando la mentalidad positiva.

- **Aceptación activa.** En situaciones desafiantes, practica aceptar y controlar tus respuestas.
- **Enfoque en acciones positivas.** Dirige tu energía hacia acciones bajo tu control, contribuyendo positivamente.
- **Visualización de escenarios.** Practica visualizar desafíos, centrándote en respuestas positivas y resilientes.
- **Establecimiento de metas realistas.** Define metas alcanzables, considerando lo controlable, progresando hacia ellas.
- **Ejercicios de respiración.** Incorpora técnicas de respiración consciente para mantener la calma en situaciones fuera de tu control.

2. Hierocles de Alejandría. *"La felicidad se alcanza cuando lo que uno piensa, lo que uno dice y lo que uno hace están en armonía".* Hierocles de Alejandría fue un filósofo estoico del siglo v d. C. Nacido en Alejandría, Egipto, Hierocles fue discípulo de Plutarco y se destacó por sus enseñanzas sobre ética y moralidad dentro del marco del estoicismo. Sus escritos influyeron en la comprensión y la práctica de la filosofía estoica durante la época romana tardía.

Mensaje o consejo: Hierocles nos enseña que la felicidad surge cuando nuestras acciones están alineadas con nuestros pensamientos y palabras. La armonía entre lo que pensamos, decimos y hacemos es fundamental para alcanzar un estado de satisfacción y plenitud en la vida. Esta frase nos insta a vivir de manera coherente con nuestros valores y principios, lo que nos lleva a experimentar una mayor felicidad y bienestar.

Ideas y herramientas para la aplicación práctica:

- **Alineación de valores.** Identifica tus valores fundamentales y asegúrate de que tus acciones y decisiones estén en consonancia con ellos.
- **Práctica de la integridad.** Mantén la coherencia entre lo que piensas, dices y haces en todas las áreas de tu vida, desde lo personal hasta lo profesional.
- **Autoconciencia.** Cultiva la conciencia de tus pensamientos, palabras y acciones, y reflexiona regularmente sobre si están alineados entre sí.
- **Claridad de propósito.** Define claramente tus metas y objetivos en la vida, y asegúrate de que tus acciones estén dirigidas hacia su consecución.
- **Responsabilidad personal.** Asume la responsabilidad de tus pensamientos, palabras y acciones, reconociendo que tienes el poder de moldear tu propia felicidad.
- **Práctica de la honestidad.** Sé sincero contigo mismo y con los demás, evitando la hipocresía y buscando la transparencia en tus interacciones.
- *Mindfulness* **en la acción.** Practica la atención plena en tus actividades diarias, centrándote en cada momento presente y actuando con plena conciencia.
- **Evaluación regular.** Revisa periódicamente si tus pensamientos, palabras y acciones están alineados, y ajusta tu comportamiento según sea necesario para mantener la armonía.

- **Desarrollo personal.** Dedica tiempo al crecimiento y desarrollo personal, buscando mejorar continuamente en todas las áreas de tu vida.
- **Autenticidad.** Sé fiel a ti mismo y a tus creencias, actuando de acuerdo con tu verdadero ser y expresando tu autenticidad en todas tus interacciones.

3. Marco Aurelio. *"La adversidad no es un obstáculo que nos impide avanzar. Es el camino mismo que nos obliga a encontrar otra manera de avanzar"*. Marco Aurelio fue emperador del Imperio Romano desde el año 161 d. C. hasta su muerte en el 180 d. C. Es conocido por su reinado durante la época dorada de Roma y por ser el último de los "cinco buenos emperadores". Además de sus logros políticos, Marco Aurelio también fue un filósofo estoico y escribió sus reflexiones personales en un libro titulado *Meditaciones*.

✒ **Mensaje o consejo:** Marco Aurelio nos invita a ver la adversidad como una oportunidad para crecer, no como un obstáculo. La dificultad se convierte en el camino que nos impulsa a buscar nuevas formas de progresar.

Ideas y herramientas para la aplicación práctica:

- **Resiliencia activa.** Enfrenta desafíos con una mentalidad de resiliencia activa, fortaleciéndote y aprendiendo.
- **Reencuadre de obstáculos.** Cambia la perspectiva sobre obstáculos, viéndolos como desafíos superables.
- **Aceptación de la realidad.** Reconoce la realidad de la adversidad, el primer paso para encontrar soluciones.

- **Flexibilidad mental.** Desarrolla una mente flexible para adaptarte a circunstancias cambiantes.
- **Planificación estratégica.** Anticípate a adversidades y elabora planes, abordando desafíos con confianza.

4. Cleantes de Asos. *"La naturaleza nos ha dado dos oídos, dos ojos y una boca, para que podamos escuchar y ver más de lo que hablamos".* Cleantes de Asos, un filósofo estoico del siglo IV a. de C., fue el sucesor de Zenón de Citio como líder de la escuela estoica en Atenas. Nacido en la ciudad de Asos, en la costa oeste de Asia Menor (actual Turquía), Cleantes desempeñó un papel fundamental en la consolidación y expansión del estoicismo como una filosofía influyente en el mundo helenístico.

📌 **Mensaje o consejo.** La frase de Cleantes enfatiza la importancia de observar y escuchar más de lo que hablamos. Nos recuerda que la naturaleza nos ha dotado de sentidos duplicados para percibir el mundo que nos rodea con mayor claridad y comprensión. El consejo implícito es cultivar la observación y la escucha activa como habilidades fundamentales para el aprendizaje y el entendimiento.

Ideas y herramientas para la aplicación práctica:

- **Práctica de escucha activa.** Desarrolla la habilidad de escuchar con atención y comprensión, mostrando interés genuino en las palabras y experiencias de los demás.

- **Observación consciente.** Cultiva una actitud de atención plena hacia tu entorno, observando los detalles y patrones que revelan información importante.
- **Humildad intelectual.** Reconoce la limitación de tu propio conocimiento y busca aprender de las perspectivas y experiencias de los demás.
- **Moderación en el habla.** Controla la tendencia a hablar en exceso y practica la moderación en tus palabras, permitiendo que el silencio y la reflexión también tengan espacio en la conversación.
- **Empatía y comprensión.** Ponerte en el lugar de los demás y esforzarte por comprender sus puntos de vista y sentimientos antes de expresar los tuyos propios.
- **Valoración de la diversidad.** Aprecia la diversidad de opiniones y experiencias, reconociendo que la riqueza del mundo radica en su variedad y complejidad.
- **Aceptación de la incertidumbre.** Abraza la incertidumbre como una oportunidad para aprender y crecer, en lugar de sentir la necesidad de llenar los espacios vacíos con palabras.
- **Reflexión silenciosa.** Dedica tiempo a la reflexión silenciosa y la introspección, permitiendo que las impresiones y observaciones se asienten antes de expresarlas en palabras.
- **Práctica de la gratitud.** Agradece la capacidad de observar y escuchar, reconociendo que estos sentidos te brindan acceso a un mundo rico en belleza y significado.
- **Curiosidad y exploración.** Cultiva una actitud de curiosidad y exploración hacia el mundo que te rodea,

manteniendo la mente abierta y receptiva a nuevas ideas y experiencias.

5. Séneca. *"Aquel que sufre antes de que sea necesario, sufre más de lo necesario"*. Lucio Anneo Séneca fue un filósofo, dramaturgo, político y escritor romano nacido en el año 4 d. C. y fallecido en el 65 d. C. Es considerado uno de los principales exponentes del estoicismo y fue tutor del emperador Nerón. Sus obras filosóficas y sus tragedias han tenido una profunda influencia en la historia del pensamiento occidental.

📌 **Mensaje o consejo:** Séneca señala que anticipar y sufrir por eventos futuros antes de que ocurran es innecesario y agrega sufrimiento adicional a nuestras vidas. El consejo es evitar la preocupación prematura y centrarse en manejar los desafíos a medida que se presentan.

Ideas y herramientas para la aplicación práctica:

- **Práctica de atención plena** *(mindfulness)*
  - *Ejercicio:* dedica tiempo diario para practicar la atención plena, enfocándote en el presente y evitando la anticipación de eventos futuros.
- **Reformulación de pensamientos**
  - *Ejercicio:* identifica pensamientos preocupantes sobre el futuro y cámbialos por perspectivas más realistas y positivas. Enfócate en soluciones en lugar de problemas.

- **Planificación estratégica**
  - *Ejercicio:* en lugar de preocuparte, elabora planes estratégicos para enfrentar posibles desafíos. Esto te dará un sentido de control sobre la situación.
- **Autoevaluación emocional**
  - *Ejercicio:* reflexiona sobre tus emociones y evalúa si tu sufrimiento anticipado es proporcional a la situación real. Aprende a reconocer y gestionar emociones irrazonables.
- **Enfoque en el presente**
  - *Ejercicio:* practica la atención plena cuando te encuentres preocupándote por el futuro. Ancla tu atención en el momento presente y evita el adelanto mental.
- **Técnica de detención del pensamiento:**
  - *Ejercicio:* cuando notes pensamientos anticipados negativos, detén conscientemente esos patrones y redirige tu mente hacia el presente.
- **Gratitud diaria**
  - *Ejercicio:* lleva un diario de gratitud donde anotes cosas positivas en tu vida actual. Esto te ayudará a apreciar el presente y reducir la preocupación futura.
- **Visualización positiva**
  - *Ejercicio:* en lugar de imaginar escenarios negativos, visualiza de manera positiva cómo enfrentarás y superarás los desafíos futuros.
- **Aceptación de la incertidumbre**
  - *Ejercicio:* practica la aceptación de que el futuro es inherentemente incierto y, en lugar de resistirte, trabaja en fortalecer tu capacidad para adaptarte.

- **Resiliencia activa**
  - *Ejercicio:* cultiva la resiliencia al enfrentar pequeños desafíos diarios sin anticipar sufrimiento excesivo. Aprende de estas experiencias para fortalecerte frente a desafíos mayores.

6. Zenón de Citio. *"La felicidad es una buena flota de buques, no una nave".* Zenón de Citio fue el fundador de la escuela de filosofía estoica en el siglo III a.C. Nacido en Citio, en la isla de Chipre, Zenón desarrolló un sistema filosófico que enfatizaba la virtud, la autodisciplina y la aceptación del destino. Sus enseñanzas influyeron profundamente en el estoicismo, una de las principales corrientes filosóficas de la antigua Grecia y Roma.

🔖 **Mensaje o consejo:** Zenón nos recuerda que la felicidad no depende de un solo elemento, sino de una combinación de diferentes aspectos en nuestra vida. Así como una flota de buques proporciona seguridad y variedad, la felicidad proviene de diversas fuentes y experiencias. Esta metáfora nos anima a buscar la felicidad en múltiples aspectos de nuestra existencia, en lugar de depender de una sola fuente de satisfacción.

Ideas y herramientas para la aplicación práctica:

- **Diversidad de experiencias.** Busca la felicidad en diferentes áreas de tu vida, como relaciones personales, logros profesionales, *hobbies* y crecimiento personal.
- **Búsqueda de significado.** Encuentra un propósito o significado en tus acciones y decisiones diarias, lo que

puede contribuir significativamente a tu felicidad y bienestar.

- **Práctica de gratitud.** Aprecia y valora las pequeñas alegrías y momentos de tu vida cotidiana, reconociendo la riqueza de experiencias que contribuyen a tu felicidad.
- **Balance y armonía.** Busca un equilibrio entre diferentes áreas de tu vida, evitando la sobrevaloración de un aspecto en detrimento de otros.
- **Flexibilidad mental.** Acepta cambios y adaptaciones en tu búsqueda de la felicidad, reconociendo que las circunstancias y prioridades pueden evolucionar con el tiempo.
- **Apreciación del presente.** Vive el momento presente y encuentra alegría en las experiencias y relaciones que te rodean en este momento, en lugar de posponer la felicidad para el futuro.
- **Autenticidad y honestidad.** Busca la autenticidad en tus elecciones y acciones, asegurándote de que tus esfuerzos por la felicidad estén alineados con tus valores y deseos genuinos.
- **Exploración y** descubrimiento. Sé curioso y abierto a nuevas experiencias y perspectivas que puedan enriquecer tu vida y contribuir a tu felicidad a largo plazo.

7. Musonio Rufo. *"La verdadera riqueza de un hombre reside en las virtudes de su carácter y en su capacidad para vivir en armonía con la razón y la naturaleza".* Musonio Rufo, un destacado filósofo estoico del siglo I d. C., nació en la ciudad de Volsinii, en Etruria (actual Italia). Fue reconocido por sus enseñanzas sobre ética y moralidad, influyendo en muchos otros filósofos estoicos, incluido su famoso discípulo, Epicteto. Musonio Rufo creía firmemente en el poder transformador de la virtud y abogaba por una vida basada en la razón y la naturaleza.

🖈 **Mensaje o consejo:** Musonio Rufo nos recuerda que la verdadera riqueza de un individuo no se encuentra en sus posesiones materiales, sino en las virtudes de su carácter y en su capacidad para vivir de acuerdo con la razón y la naturaleza. Nos insta a buscar la excelencia moral y a encontrar la verdadera satisfacción en la armonía con nuestro entorno y nuestra propia naturaleza.

Ideas y herramientas para la aplicación práctica:

- **Autodisciplina.** Cultiva la disciplina personal para desarrollar y mantener virtudes como la paciencia, la moderación y la integridad en todas las áreas de tu vida.
- **Conexión con la naturaleza.** Dedica tiempo a conectar con la naturaleza, reconociendo su belleza y armonía, y buscando vivir en consonancia con sus ciclos y leyes.
- **Desapego de bienes materiales.** Practica el desapego de las posesiones materiales y enfoca tu atención en el desarrollo de tu carácter y tu relación con los demás.
- **Coherencia entre palabras y acciones.** Asegúrate de que tus palabras y acciones estén alineadas con tus valores y principios éticos, demostrando consistencia en tu comportamiento.

- **Educación moral**. Dedica tiempo al estudio y la reflexión sobre la ética y la moralidad, buscando comprender y aplicar los principios que guían una vida virtuosa.
- **Empatía y compasión.** Cultiva la empatía y la compasión hacia los demás, reconociendo y respetando la humanidad común que compartimos con todas las personas.
- **Respeto por la razón.** Valora y respeta la capacidad humana para la razón y el pensamiento crítico, utilizando estas facultades para tomar decisiones éticas y fundamentadas.
- **Práctica de la gratitud.** Cultiva una actitud de gratitud hacia la vida y todas sus experiencias, reconociendo los regalos y lecciones que nos ofrece cada día.
- **Servicio y contribución.** Busca oportunidades para servir y contribuir al bienestar de los demás y de la comunidad, reconociendo que la verdadera satisfacción se encuentra en ayudar a otros.
- **Autoevaluación continua.** Realiza una autoevaluación regular para identificar áreas de mejora en tu carácter y en tu práctica de vivir en armonía con la razón y la naturaleza, y trabaja en desarrollar esas áreas con determinación y compromiso.

Aplica estos ejercicios y adopta una mentalidad de enfrentar las situaciones a medida que se presentan, puedes reducir el sufrimiento innecesario y vivir con mayor paz y eficacia.